THE BIG FOUR

教會復興的四個關鍵密碼

獻詞

謹以此書獻給所有熱愛上帝、

願為祂的國度和教會事工作出偉大貢獻的每一位牧師、

教會領袖及平信徒。

致謝

在此我謹向所有研究助理獻上最誠摯的感謝，
因你們不辭勞苦的工作，使這本書得以成功付梓。
能與凱西亞・雷勒・貝內特共事是我莫大的榮幸，
她為此書作出的貢獻不勝枚舉。
我特別感謝所有願意接受採訪，或是完成調查問卷的牧師、
教會領袖和平信徒，因著他們的貢獻，
本書得出的見解或經驗才有所助益。

推薦序

健康的教會

自從上一世紀中期，北美教會接替了日漸衰微的歐洲教會，成為普世基督教運動的根據地。在眾多普世運動中影響最為深遠的，要算是有教會增長鼻祖之稱的馬蓋文（Donald McGavran）所引發的教會增長運動了。他將個人從印度宣教的經驗學習和對宣教事工探研的心得，寫下了名著《神的橋樑：宣教策略的研究》（The Bridges of God: A Study in the Strategy of Missions）。自此書出版後，有關教會增長的運動和研究，便如火如荼地展開，對 20 世紀普世基督教會帶來非常深遠的影響與衝擊。

近年來，許多福音派教會以「健康教會」取代了「教會增長」的觀念，其中代表者，包括德國教會增長研究學者施瓦茨（Christian A. Schwarz）和美國福音派著名牧師華理克（Rick Warren）。他們不約而同地提出許多健康成長的教會成功因素，施瓦茨在研究過 1000 多間教會後，寫成《自然教會發展：健全教會的八種優良特質》（The Natural Church Development）一書，在北美及亞洲各地受到相當大的迴響。

而華理克所寫的《直奔標竿》也被稱為 20 世紀教會經典之作。他指出教會的領導極為重要，認為教會有清楚的目標和正確的領導，持續地以愛來領導才能成功。

今天我很高興能為你推薦《教會復興的四個關鍵密碼》，這本書是作者用了五年時間，在本會北美分會內，調研某些地方教會為何增長迅速，某些則停滯不前的原因。最後他的調研發現，教會興旺的四大關鍵：

- 卓越有成效又賦能的領袖
- 熱忱且真實的靈性
- 忠心又活躍的平信徒
- 高舉上帝的敬拜

作者研究的對象，雖然是針對北美分會內的地方教會，但書中所揭示的教會增長或健康教會成長的原則，卻能夠在世界各地得到應用。作者在書中用許多真實的個人生活例證故事，闡述這四大關鍵成功因素。我很高興這本書能發行中文版，相信對本會華人傳道同工及信徒皆大有裨益。

但願本書能激發華人教會，對教會增長及健康教會之成長，更為關切，學習引用書中提及的成功關鍵因素，實踐在自己所屬的教會中。我也祈禱本書能為華人教會帶來屬靈的奮興，為教會領袖帶來更廣闊的視野和更遠大的眼光！

北亞太分會會長助理
吳偉進 牧師

推薦序

接受挑戰吧！

　　在你手上的這一本書，是一位復臨教會作者嘔心瀝血的成果，更是近廿年來論到教會增長最重要、也最具影響力的作品。作者對於各地方教會應如何為天國的成長復興並行動提出諸多寶貴建議，其內容並非作者自身想法或意見，乃是以嚴謹的研究，以及實地探訪教會基層的調查結果集結而成。

　　放眼所有華人世界的復臨教會，其實都正面臨著一個與十年前相較，不但轉變快速、且文化迥異的景況。拜金主義、世俗傾向、以及不斷推陳出新、悅人眼目的娛樂產業，在在都使得福音的傳播更加困難。現今社會的諸多新挑戰，也影響我們做為這時代的教會，能否有效地留住自己的教友。如今你手中的書，正是符合此迫切需要的工具。這是一只前所未見的藏寶箱，裡面集合了各種珍貴、實用的建議，指示我們如何面對周遭複雜的環境，此外更有完整的勸導，告訴我們如何有效地向教友傳達、在這世上做為耶穌門徒的喜樂。

　　不要遲疑——
　　現在就打開此書接受挑戰吧！
　　讓它陪你成長，
　　並為擴張神的國度，全心全意將自己獻上。

基督復臨安息日會華安聯合會會長

傅博仁 牧師

Be Challenged !

In your hands you hold one of the most influential and important church growth books produced by an Adventist author in the last twenty years. The authors recommendations for revitalizing and mobilizing the local church for Kingdom growth are not based on his own ideas and opinions, but rather they are based upon solid research and real-world, front-line evidence.

Adventist churches all across the Chinese world are facing a quickly changing and dramatically different culture and community than they did 10 years ago. Materialism, secularism and the ever-engaging entertainment industry is making reaching people's hearts with the Gospel more and more difficult. The challenges of our new and modern world also influence how successful we are as a church in retaining our members. In your hands you have a wonderful tool; a treasure box of practical advice to face the complicated, modern world around us as well as sound counsel on how to communicate more effectively with our members the joy of being disciples of Christ.

Read this book and be challenged. Read this book and grow. Read this book and commit yourself to wholeheartedly expanding the Kingdom of God.

President Chinese Union Mission of Seventh-day Adventists
Bob Folkenberg, Jr.

推薦序

論教會復興關鍵密碼，破解教會增長迷思

　　主耶穌離世前，對門徒提出「大使命」的交託（太 28 章 18 ～ 20 節），教會為主得人、追求增長，成為全地教會「責無旁貸」追求的標竿。台灣也不例外。那裡傳出爆發「教會復興」人潮，就幾乎相對吸引台灣教會「一窩蜂」熱鬧跟進。

　　檢視台灣近年，為追求教會增長，從起初追逐新加坡「細胞小組教會」發展；而後又有佈道結合流行歌手演唱會，在全台包裝促銷，開啟台灣地區教會相信「外來和尚會唸經」的「朝聖」熱潮。

　　可惜台灣視為學習標竿的新加坡兩大教會牧者，先後成為社會事件負面新聞的主角人物，至此台灣的新加坡熱，才逐漸降溫、冷卻。然而追求教會增長「朝聖熱」並未因此歇止，只是「朝聖」目標從新加坡轉向了南韓。「韓流」取代新加坡，「G12」接替「細胞小組教會」，成為教會增長新顯學。無獨有偶，台灣鎖定學習南韓教會的特定牧者，最後也重蹈覆轍「晚節不保」，結局讓人唏噓。

　　台灣教會追求增長歷程，非僅止於複製新加坡、南韓大教會的軌跡，其他諸如，學習美國加州馬鞍山教會華理克牧師《標竿人生》、《直奔標竿》和本土發起的「2000 年福音運動」等，都可看見教會曾經努力的腳步與掙扎。

　　耶穌清楚教導，神兒女若能活在上帝裡面，讓神掌權，自然「多

結果子」。因為有神這「寶貝」進入我們「瓦器」，「靠著那加給我的力量，凡事都能做」（腓 4 章 13 節），而顯出「神莫大的能力」（林後 4 章 7 節）。

傳福音增長的動能，因此明顯可見。其次，「福音本是神的大能，要救一切相信的」（羅 1 章 16 節），得福音好處的人，除充滿感恩，也將存極大熱情，將福音廣傳。

本書帶領信徒看見教會的繁榮，是源於聖經教導。因此，傳福音除大使命外，還因出於對基督的感恩、對他人的愛……，也因為有這樣的愛與委身，一個充滿愛的教會，就好像一個「家」，可以讓每個成員盡情表達自己恐懼、喜樂、渴望與抱負，不會受到譴責與拒絕；支持與幫助痛苦掙扎中的人。這是人夢想中的教會；也是上帝對每一個教會的期待。祂希望信徒滿心歡喜宣告對教會的熱愛，且歡天喜地服事祂。

作者不僅以個人親身服事經歷，見證從神、聖經而來的教導，開啟教會復興增長密碼；他也從帶領一個小組，從 2003 ～ 2007 年對復臨教會北美分會特定教會進行追蹤調查研究，找出教會復興與衰退緣由，這些調查訪查的結果，有助華人教會今後對教會增長探討，除主觀認知外，也增添客觀實證依據，這也成為與坊間同類書相較，成為獨具特色的一本書。

前監察院祕書／衛國街基督教會

雷顯威 牧師

目錄

簡介

夢想中的教會
The Dream Church[1]

「實在太棒了！」

「真令人感動！」

「這教會充滿了愛！」

「這是一間一星期七天、天天做工的教會。」

「我好愛這個教會！」

　　這些讚歎來自一群基督復臨安息日會（以下簡稱「復臨教會」）的教友，談起自己教會不斷增長時忍不住發出上述的讚美。他們只要一說起教會，就洋溢著滔滔不絕的愛意、熱情與熱忱。教會對他們來說是一個激勵人心的地方，可以彼此服事，在這個群體中領受上帝的恩典。

　　上帝對你的教會有一個夢想。祂希望當所有的信徒談起自己的教會時，也能像這些人一般，滿心歡喜地宣告對教會的熱愛。耶和華渴望教會成為充滿活力的群體，對生命有永恆的影響，滿懷愛意、歡喜地來服事祂。想像一下，如果在你教會中的每一個人，都能說出下面這番話：

　　在這裡我覺得心安。

　　我覺得受到尊重。

　　我在耶穌基督裡成長。

　　我正參與服事。

　　上帝正使用我去感動其他人的生命。

　　我喜愛安息日學。

　　我們的崇拜鼓舞人心。

　　我為我們的教會倍感光榮——我喜歡邀請別人來教會。

　　我非常渴望去教會，甚至整天待在那裡都可以。

　　牧師的證道我怎麼聽都不會厭倦——裡面充滿了希望。

　　我們教會中發生的事，是關於永生和永死的大事。沒錯！它就是這麼重要。

　　以上這些話是復臨教會的北美分會、許多成長興旺的教會及其眾多教友描述的真實經驗。因著熱愛上帝，熱愛自己的教會，他們

在各項事工、福音工作以及與人分享耶穌上，皆表現出極大的熱忱。

對於這項研究的說明

從 2003 年到 2007 年，我帶領一小組研究生助理，對北美分會中始終興旺且不斷增長的復臨教會進行個別研究。我們想知道為何有些復臨教會欣欣向榮？其他卻停滯不前？為了進行這項研究，我們聯繫了北美分會下的所有聯合會，找出那些連續五年增長率（聚會人數，教友人數和受洗人數）保持在 5% 的教會。接著我們排除了那些專門服事信仰度較高的第一代移民的教會，最終有 5 間教會脫穎而出。當我們將標準放寬至連續 3 ～ 5 年，增長率保持在 3 ～ 5% 時，又有 18 間教會符合這一標準，因此研究的對象總數擴展至 23 間教會。

為了能夠公正地進行對比，研究人員又在相同的地區內選擇了 3 間教會作為樣本，這些教會皆處於衰退或停滯的狀態。接著我們從每個教會中邀請牧師、至少一位教會領袖以及三到五位教友來接受我們的採訪，回答下列問題：

- 你的教會興旺的原因是什麼？或你的教會呈現衰退或停滯的狀態，是由哪些因素造成的？
- 你有異象和使命宣言嗎？
- 你會經常向教友灌輸這異象嗎？

- 你花多長時間來裝備、培訓、激勵你的教友？

- 請描述你所屬教會中的氛圍。

- 對於教會的崇拜聚會，你的感受如何？

- 你對崇拜聚會的期待是什麼？

- 你的教會是一個使人心裡得平安的地方嗎？

- 你會邀請別人來教會嗎？

- 去年你邀請多少人來教會？

- 你多久一次與他人分享自己的信仰？

- 你在禱告事奉上的表現如何？

- 在你的教會中有多少人非常重視禱告？

　　此外，我們還在安息日上午進行了一次調查，旨在瞭解活躍信徒的靈修、服事和傳福音的狀況。關於這方面的發現，我們會在另一章以「活躍且忠心的平信徒」為主題的篇章中進行詳細闡述。

　　我們發現自己會因一些教友的舉動或教會取得的成就而受到某種程度的鼓勵，但我們的研究明確指出，教會若要增長，還有許多挑戰。目前大多數的教會（超過 80%）是處於停滯不前甚至衰退的狀態。實際上，復臨教會在北美分會的增長率持續走低。教會的增長速度甚至趕不上人口增長的速度[2]。

四大關鍵

透過研究我們發現，隸屬北美分會的教會，其發展與四大因素密不可分：卓越且賦予能力的領袖；熱忱且真實的靈性；忠心又活躍的平信徒；以及高舉上帝的敬拜。

 1. 賦予能力的僕人式領袖

活躍增長的教會有各種領袖——牧師、平信徒牧者、長老或各事工部主任——他們都真誠地希望教會能夠發展，並願意為此付出任何代價。他們渴望改善教會的氛圍，並努力使之成為帶有福音性質的文化，他們也願意摒棄老舊的方法，採取更新穎有效的方式接觸人群。因此他們並不畏懼嘗試新方法，也不抗拒投入資源以確保教會健康發展。這樣的領袖往往對於迷失者懷著深深的熱情，他們渴望用盡一切方法使這些人與天父建立親密的關係。

針對來自持續發展的復臨教會領袖進行採訪時，我們就知道他們是熱愛傳福音工作的——這是他們神聖的職責。只需短短幾分鐘的交流，就可以看出他們將身心都投入拯救迷失靈魂的聖工上。他們不僅自己身體力行，還感染身邊的人也參與傳福音的工作。他們擁有的這種能力，我稱之為「福音的慧眼」——能夠準確地掌握住與他人分享耶穌的良機。這樣的話，即使是去超市購物，也能為耶

穌做見證，甚至去健身房，也會與人分享耶穌。也許他們在生日聚
會或是車站月台上談論的也是耶穌的名字。希望的火焰總是在他們
的心中熊熊燃燒著，他們渴望與人分享耶穌，他們要在世人面前彰
顯耶穌的聖名。

此外，興旺教會的領袖們都懷有以信仰為基礎的強烈樂觀情
緒，這是他們目標和行動的基石。它會對領袖們的思想產生積極的
影響，使他們藉著祈禱與服事，盼望上帝成就偉大的工作，同時他
們也會幫助他人透過信心看到積極樂觀的前景。此外，他們還投入
大量的時間和精力來激勵、裝備他人做服事及傳福音的工作。

2. 熱忱且真實的靈性

讓人意想不到的是，許多人錯誤地以為，興旺發展的教會往往
不再看重靈性，比起對耶穌的愛與忠心，靈性更顯華而不實。事實
上，它卻恰恰相反。興旺的復臨教會對靈性的強調反而更加頻繁、
著力更多且更具熱忱。興旺教會的靈性高度是普通教會所無法比擬
的。我們相信，他們的發展之所以卓越有成效，正是因為其激情與
力量全然來自於虔誠的靈命。

3. 忠心又活躍的平信徒

　　即便牧師有三頭六臂，也會受到時間與能力的限制。因為沒有人是無所不在或無所不知的，而且沒有人——不管他們多麼努力——能夠不眠不休，一心牧養教會。幸好，教會的增長並不在於牧師在事工和傳福音的工作上表現得多麼積極，而是在於它與教會中教友們的活躍程度息息相關。

　　我們針對多種類型教友傳福音的果效做出評估（根據對北美分會所屬教會的隨機抽樣調查），結果顯示，絕大多數的信徒尚未帶領任何一個人來就耶穌，連一個都沒有。調查的結果還表明，我們的教友正步入高齡化階段，教會也在苦心經營，為要吸引新人加入教會，也使年輕人願意留在教會。這項調查同時也對會眾的靈修習慣進行評估，結果發現在屬靈操練方面，例如讀經和禱告，即使積極的教友也表現得乏善可陳。但在興旺的復臨教會卻是全然不同的景象，他們的信徒更加注重靈性的增長以及傳福音的工作。

 ### 4. 高舉上帝的敬拜

　　我們的研究結果清楚地表明，敬拜經驗是教會增長的重要組成部分。許多人抱有「活躍的教會在敬拜方式上總是與時俱進」的想法，但事實並非如此，我們發現敬拜的風格並不是關鍵，真正的關

鍵是在敬拜體驗的品質，而這種品質並不是在傳統與現代模式之間的抉擇。若是信徒的心靈觸碰到了上帝的心，那麼真正的敬拜就開始了。雖然對於教會的增長、卓越與目標來說，敬拜風格如何是無傷大雅，但祈禱、盼望和專業精神仍是至關重要的。

此書有何秘訣？

本書的目的是為了要幫助你改變你的教會，使它成為你夢想中符合上帝異象的教會。任何願意致力於推進上帝國度的人，不管是信徒、領袖或是牧師，這本書對你都有益處。書中所呈現出的見解、思想、方法和技巧皆源自於第一手研究資料，該研究成果可應用於任何教會。從這些興旺發展的教會中，我們能夠更深刻地理解到，若要成功發展教會需要哪些必要條件。本書沒有採用生硬、制式的表格與資料來說明觀點，而是採用真實教會中活生生的例子來說明，他們在真正的喜樂中作出了真實的改變。

我們的資料源於北美分會下數間欣欣向榮的復臨教會。此外，書中所列舉的方法和原則不僅經過實證研究所證明，而且與上帝的話——聖經——和諧一致。在論述某些關鍵概念時，我們也會從懷愛倫的著作中擷取更多的亮光。我個人的淺薄經驗也在書中得到了呈現，那是我擔任牧師時，上帝在教會健康發展方面給予我們的祝福。

　　請允許我再次重申：雖然研究的對象是北美分會下的地方教會，但書中所揭示的原則卻是放諸四海皆準的。我竭盡全力介紹這些原則，以期它們能夠在世界各地得到應用。因此，不管你在北美或南美、非洲或亞洲、歐洲或澳大利亞，這本書對你來說都適用。你可以因地制宜地來應用本書的原則。

　　針對研究中的四大發現，我們分章論述：賦予能力的僕人式領袖，熱忱且真實的靈性，忠心又活躍的平信徒，以及高舉上帝的敬拜。最後一章藉著列舉邁向夢想教會的十個步驟，回答了「該從何處開始？」的疑問。將本書從頭讀到尾，你會看到激勵人心的故事，令人震驚的研究結果，以及確實可行的方法。第一章將會探討教會增長、教會健康和傳福音工作的聖經原則。

問題的核心

本書基於三個假設：

① **教會增長與上帝和祂子民之間的合作密切相關。**上帝將只有祂能成就的工作託付給我們。

② **教會增長需要信徒與會眾之間密切合作。**他們不但要熱愛上帝，渴望與他人分享，而且還要為他們的教會深感自豪，樂意將他人帶入這個信仰的團體。這就是為什麼我用了幾章的

篇幅詳細描述如何改善教會的氛圍、崇拜聚會和當地教會的事工。為了教會得以持久發展，信徒們需甘願受教，接受培訓以便參與服事，而教會也必須作為小型的神學院，訓練、裝備信徒，充分利用上帝所賦予他們的恩賜和潛能。

③ **只有上帝大能與我們同在，教會才能增長。**讓我們與耶穌緊緊相連，因祂曾說：「離了我，你們就不能做什麼。」

對於牧師和長老、執事和安息日學教師、堂董會成員、各項事工領袖和每一位信徒來說，當你們在上帝的葡萄園中與祂同工時，這本書就能成為你們手中一件實用的工具，這是我衷心的祈禱。

　　我愛我們的教會，對於我們共同的使命，我滿懷熱忱，祈禱本書能夠指出一條發展教會的康莊大道，並且督促人們與基督有著更密切的互動，更加倚賴聖經的大能，更加熱切地祈禱，更加有力地服事他人、傳播福音，這一切都將催生無與倫比的改變與復興，這樣，在實現耶穌基督大使命的工作上，我們將會表現得更加卓越。

附註：
1.　我對夢想中的教會所下的定義是：遵照使徒行傳2：42－47中描述基督的價值觀行事的教會──一個不斷學習，敬拜、讚美、團契和禱告的教會。這個教會中滿溢著福樂與合一，也是神蹟奇事發生的地方。這裡一方面使人安心，一方面卻向人們發出挑戰，激勵他們投身於服事和福音工作。伴隨著聖靈的感動與上帝的恩典，夢想中的教會將會健康地成長。本書中筆者將用一整章的篇幅，藉「以耶穌為中心的生活」為題，描述夢想中的教會所應有的靈性風貌與原則。
2.　大衛・貝克沃茨和Ｓ・約瑟夫・吉德爾，《對北美基督復臨安息日會未來的反思：趨勢與挑戰》，選自《傳道者》，2010年12月，20－22頁。

第一部分

教會健康和增長
的聖經依據

The Biblical Foundation
for Church Health and Growth

教會的宗旨

　　教會在世界上得以建立原因有三：**首先，為了榮耀上帝的聖名——超越時間，直至永恆。**透過我們的一言一行來榮耀上帝，其實就是對造物主旨意的全然認同與獻身，祂要我們先以全部的生命來愛祂，其次要愛鄰舍如同自己。

　　第二，就是要教誨基督的肢體。這一點表現在許多方面，例如彼此鼓勵、互相代禱、彼此相愛、為傳福音和事工的緣故彼此造就。我們應該為教友靈性的增長及福音的拓展殫精竭慮，繼而建立起屬天的團契，使得這項任務在遵從聖經的信徒看來，無論在靈性、智力、道德和佈道方面都有實現的可能。

最終則是**第三，致力天國的擴展。**上帝希望祂的教會發展壯大、繁榮昌盛。唯有藉著那些榮耀上帝、接受教會造就的生命，這個目的才能有效地達成。教會的目的是要裝備所有的信徒，使他們能有效地發揮作用，因為教會要為耶穌基督的緣故影響整個世界。復活的基督與祂的追隨者們同在，藉著聖靈使他們得以更新，剛強壯膽，向世人見證，為世界服務。若是教會忽略其上帝使者的身分，不去懇請迷失的人與上帝和好，那麼她便無法榮耀上帝的聖名，也不會擁有真正的感化力。耶穌曾這樣說：「父怎樣差遣了我，我也照樣差遣你們。」（約翰福音 20：21）

教會的目的
是要裝備所有的信徒，
使他們能有效地發揮作用。

本書以不同的方式論及教會生活的各個層面。它們相互連結且相輔相成。一個以榮耀上帝為己任的教會，通常特別注重對信徒的教誨與感化，訓練並裝備他們在教會或世上做有意義、有果效的服事。再者，這樣的教會對接觸迷失的人，引導他們進入信仰團體的工作深思熟慮，小心謹慎，這樣新加入的人也會希望可以帶朋友進入教會。

本書的這一部分將講述教會的增長、健康和佈道的聖經依據。我將根據聖經一一定義這些術語，並描述它們在信徒生活和教會中如何產生作用。接著我會講述上帝的大能如何使一切成為可能。主已將一件只有祂才能完成的任務交付予我們。因此想要完成面臨的工作，當務之急是依賴上帝的能力與恩典。在分析信徒從事佈道和教會增長與健康工作的動機之後，我將對本章作出總結。

毋庸置疑，第一世紀基督教的顯著特點就是教會的增長。不論在他們身上發生了什麼，不論他們面臨怎樣的困境，或遭遇到何等的逼迫與反對，上帝對教會的保護從未中斷，信徒之間兄弟般的情誼也日益深切——教會恩典滿溢，人數增多。如果你和你的教會都忠心跟從上帝，如果你堅定要為榮耀耶穌的名而活，竭力為上帝的事工裝備信徒，那麼在此世代，增長也能成為你教會的顯著特徵。

第1章

聖經怎樣談論教會增長？
What Does the Bible Say about Church Growth?

上帝希望祂的教會增長。耶穌曾說：「天上地下所有的權柄都賜給我了。所以，你們要去，使萬民作我的門徒，奉父、子、聖靈的名給他們施洗。凡我所吩咐你們的，都教訓他們遵守，我就常與你們同在，直到世界的末了。」（馬太福音 28：18 － 20）任何關注增長及門徒訓練的教會都是真正能夠與主同心的，而他們所做的也是蒙主喜悅的。上帝明確的旨意，是將福音的好消息讓所有人都知道，不論其階級、種族、語言為何——換句話說，就是要接觸到所有人，將福音傳給他們。

教會若在屬靈方面興盛，增長必隨之而來。教會若運作得合宜，她便是這個世界的希望，是轉變和嶄新生活的泉源，是通往天國的門戶。想要完成這偉大的使命，每間地方教會都不可或缺，其責任就是要向這個被罪惡綑綁、奄奄一息的世界散播愛、希望與歡樂。

教會增長的定義

　　教會增長是指透過對教會成員進行教導、培訓和塑造，使其受裝備成為上帝喜悅的樣式，並為主耶穌基督和祂的教會贏得更多生命。因此，教會增長是一種屬靈與實踐兼備的信念，既包括上帝話語中永恆的原則，又涵蓋拯救失喪靈魂實際可行的洞見。

　　任何類型的增長都遵循某種典型模式。在地方教會中有栽種的人（傳道人），有澆灌的人（培育／鼓勵／教導），還有發揮屬靈恩賜、幫助會眾在屬靈生命上更加成熟的人。但需注意的是，真正帶來教會增長的是上帝（哥林多前書3:7），不是那些人。那些栽種、澆灌的人將來要照著自己的工夫得自己的賞賜（第8節）。

　　使徒行傳2：42 － 47 描述了一個蓬勃發展的教會，信徒們「都恆心遵守使徒的教訓，彼此交接，擘餅，祈禱」（第42節）。他們彼此服事，並去結識接觸那些切望認識救主的人，因為上帝「將得救的人天天加給他們」（第47節）。當一間教會出現這些情形時，不論人數是否有增長，在屬靈上都勢必經歷成長。

使徒行傳中的教會增長

　　使徒行傳這卷書講述了一個放膽傳揚福音的故事（使徒行傳

28：31）。整卷書的核心就是在主的引導下，藉著聖靈的大能，教會取得了令人矚目的成長。路加以許多總結性的陳述，濃墨重彩地記錄了教會的擴張（2：43 － 47；5：14；6：7；9：31；12：24；16：5；19：20）。若要研究早期教會得以快速發展的因素，先從使徒行傳入手是最合適不過的了。

毫無疑問，教會持續增長就是第一世紀基督教的顯著特徵。使徒行傳明確地表述了福音——用保羅的話來說——「本是上帝的大能，要救一切相信的」（羅馬書 1：16）。它能夠克服語言的差異（使徒行傳 6：7），戰勝偶像崇拜（12：22 － 24），並能成功地應付敵對的勢力（19：17 － 20）。在路加對早期基督教發展的記述中，教會增長的狀況是他尤其著重強調的。不論我們面臨何種情況，使徒行傳都可以成為我們汲取力量的泉源。只要我們忠心於上帝，甘願為榮耀祂而活，相信我們的教會必能得到發展。

教會增長的種類

第一類是人數的增長。路加詳細記錄了餘下十一位門徒的名字，以及他們與信徒舉行第一次禱告聚會的時候，人數約為 120 人（使徒行傳 1：13 － 15）。五旬節聖靈沛降顯出大能過後，領受福音並接受洗禮的人就超過了三千人（2：41），並且常常會看到整個家

庭、整個村落，甚至整個城鎮的人都來接受福音（例如，16：11－
34）。彼得和約翰在耶路撒冷因傳播基督的福音而被逮捕之後，「聽
道之人有許多信的，男丁數目約有五千」（4：4）。使徒行傳中也
提到了福音擴張的其他跡象：「信而歸主的人越發增添，連男帶女
很多」（5：14）；「門徒增多」（6：1）；「猶太、加利利、撒
瑪利亞各處的教會……人數就增多了」（9：31）。雅各與耶路撒冷
教會其他領袖在與保羅的會面中提到「猶太人中信主的有多少萬」
（21：20），也是當時教會發展的美好見證，況且還有大批歸信的
外邦人。使徒行傳非常強調當時教會在人數上的增長。雖然路加並
不格外推崇人數的增長，但顯然也沒有忽略這一點！書中所描寫的
增長主要是信仰轉變產生的增長，因為那時教會剛開始在普世的工
作，並且主將得救的人天天加給他們（2：47）。

　　第二類是地域的擴張。福音的傳播不僅意味著從一個人傳給另
一個人，也需要從一個地方傳到另一個地方。使徒行傳概略地記錄
了基督教福音從耶路撒冷傳到羅馬和雅典的進程（1：8；9：15）。
救恩的信息從猶太民族中出來傳入撒瑪利亞（8：5，12），接著又
到了較遠的地方，例如腓尼基、居比路和安提阿（11：19－26）。
福音是為了每個人、不同種族、國家、膚色及語言的人，這一堅定
的信念為基督教信仰在地域上的拓展，奠定了穩固的基礎。既然耶
穌基督是整個世界所需要的，那麼這個世界必須享有聽到「藉著耶
穌基督傳和平福音」（10：36）這個好消息的機會。基督教信仰向

外拓展是註定的，並無其他選擇──**因它與那位慈愛上帝充滿恩典的旨意相和諧，「不願一人沉淪，乃願人人都悔改。」（彼得後書 3：9）**

　　第三類是屬靈的成長。早期教會的發展不僅是可以量化的增長，在素質上也有所進步。當時作為新興的基督教團體，除了呈現出人數增長和地域擴展之外，在屬靈生活上也經歷了實際的深化。隨著福音傳開，人們的生活也變得愈發聖潔。

　　使徒行傳忠實地記錄了早期教會的屬靈成長。書中的 2：42 ─ 47 便鑴刻出教會內在生活的一幅美麗畫面。（筆者會在稍後以整章篇幅細述相關經文。）不論平安穩妥或是危機四伏，信徒們在祈禱中透露出的無畏，都讓我們看到團契的屬靈成熟（使徒行傳 4：23 ─ 31）。此外，基督徒們以一種自願、慷慨的方式分享他們所擁有的一切，表明基督正影響著他們的生命，使其發生深刻的改變（32 ─ 37 節）。還有司提反蒙難時如聖人般的泰然自若（7：59），腓力宣揚福音時忠貞的態度（8：4 ─ 40），以及早期基督徒面臨逼迫時的勇敢無畏（5：27 ─ 33，40 ─ 42；16：19 ─ 25），這一切的一切，都見證他們在恩典中的成長。實際上，教會的領袖們對這一培靈的過程頗為重視，「堅固信徒的心，勸他們恆守所信的道。又說，『我們進入上帝的國，必經歷許多艱難』」（14：22；參閱 15：32，35，41；18：23）。

　　路加為我們描繪出一幅教會在人數、地域和靈性方面均衡增
長的畫面。對他來說，基督教信仰確確實實是一種福音的信仰，信
徒都會去接觸其他人，並帶領更多人來到耶穌面前。基督教信仰同
時亦是一種傳教的信仰，期望跨越國家與文化的藩籬，將福音傳遞
給每一個人。另一方面，基督教顯然是關注上帝子民的教化及靈性
發展的。在聖經作者描繪的這幅早期教會均衡發展的畫面中，對這
些方面給予細緻的描述。當教會在聖靈的帶領下健康發展且運作良
好，那麼各種類型的增長都會達到頂峰。

人數的增長

地域的擴張

屬靈的成長

何謂「健康的教會」？

　　一個健康的教會在它既有的環境中，必會努力實踐其偉大使命
並遵行上帝的誡命，具體說來，就是要以聖經為基礎，靈性活潑，
專注使命，功能均衡，其組織架構有效率，以服務為導向，特徵是
在其所從事的一切事工上表現卓越，並有聖靈賦予的能力（使徒行
傳 2：42 － 47）。

　　二十一世紀的教會面臨的關鍵問題是教會的靈性健康，而非教會增長。若教會的靈性是健康的，那麼自然會按著上帝所期望的向前發展。如果你的教會真正處於健康的狀態，你就毋須擔心她的成長。因此本書中的原則，是要幫助創立一個將會自然而然導向發展的健康教會。

聖經指出一個健康的教會應具備的七種特質。

①榮耀上帝

②培養的門徒認真努力地持守上帝的誡命

③教友根據自身的屬靈恩賜參與各項事工

④如同耶穌道成肉身——能在這個世界上、社區中，影響眾人

⑤積極傳揚福音

⑥吸取新人融入教會生活，成為教會領袖

⑦相信上帝，在一切事上順服祂

　　在一個健康的教會中，每一個成員都在成長、服事、見證並建造他人。每一位信徒的生命中都有耶穌的生命居於其中，這便是我們所行一切事的根源（約翰福音 15：4；以弗所書 4：16）。對於許

多信徒和教會來說，這是一次深刻的轉變範例。從策略轉向人群，從按部就班的心態轉向聖靈賜予的力量。如果我們能夠創造出一種文化，使得每一位信徒都能夠肩負起成長、服事、見證上帝大能的責任，那麼我們的教會將會徹底改變他們的世界！

　　數量上的增長僅僅是衡量教會增長方式的一部分。作為一個成熟的教會，上帝和其他人關係的深化也是很重要的一部分。只有在當地教會結合自身獨特的環境，超然且忠心地履行大使命，真正的教會增長才會產生。

什麼是傳福音？

　　供給教會並幫助她成長的，我們稱之為傳福音。新約聖經中雖未出現「傳福音」一詞，但「傳福音的」卻出現了三次（使徒行傳21：8；以弗所書4：11；提摩太後書4：5）。傳福音的人，是指宣告喜訊或好消息的人。因此傳福音既包括向人傳揚福音使之明白，也包括說服個人對福音做出回應。

　　傳福音的核心精神在於耶穌對祂世世代代、各方各處的追隨者所發出的使命，「你們要去，使萬民做我的門徒。」（馬太福音28：19 － 20）因此，傳福音是一種渴望，欲引領他人相信耶穌基督，並為上帝的國度贏得生命。它將耶穌基督的福音帶到人們中間，是

要讓人領悟到每個人都擔負著犯罪的枷鎖，在永遠失喪的深淵中徘徊，但因著上帝對我們的愛，祂差遣祂的獨生愛子來代替我們，為全人類的罪成為最大的犧牲。祂在十架上受死，被埋葬，並從死裡復活，升到天上。所有相信耶穌是上帝之子，從內心深處接受祂為個人救主的人都將被拯救，並擁有永恆的生命。

今天教會採取各種各樣的方式來傳揚福音 —— 公眾聚會、廣播、電視、衛星轉播等等。然而事實證明，今天吸引並贏得信眾的最有效的方法，依然是由每一位信徒發起、一對一的傳福音方式。若是在一年之內，每一位基督徒都能帶領一個人接受耶穌，那麼這種倍數增長將遠遠超越現今的傳教時代、任何時候所取得的成效。同時，拯救失喪之人的福音工作最自然也是最具戰略意義的起點，就是自己所在的社區。

　　我們既然明白了傳福音的含義，就應對於從事的一切事工有全新的眼光，要使其在本質上就刻有傳福音的印記。假如你的事工是與兒童打交道，那麼就不僅僅是需要你逗他們開心或者隨便打發時間——你要引導他們認識耶穌。如果你是一位長老，你的責任不是在安息日清晨誦讀聖經或收集捐款，或是代表會眾做決定——你的角色是要訓練門徒，要鼓勵、祈禱、帶領人們經歷與上帝更深地交通。作為執事，也不是只做在安息日早晨收捐，或是在教堂中開門關門之類的瑣事，而是要勇敢為復活的救主作見證（使徒行傳6：1－9）。這一原則適用於所有事工以及凡承認耶穌基督之名的人。要祈禱並大膽設想上帝可以有效且有力地使用你的方法。

賜予能力的聖靈

　　聖靈是教會增長的動力，正是聖靈呼喚人們來信靠上帝，也是上帝之靈的能力幫助人們在成為基督門徒的道路上奮勇向前。每當教會出現全面增長時，就是因為在這事發生之前，聖靈已經令祂的子民重生了。

　　教會誕生於五旬節（使徒行傳2：1）。從那時起，眾使徒與耶穌基督的追隨者表現出對上帝旨意新的承諾、理解及異象。在與上帝的計畫步調一致之後，他們也擁有一種新的力量，祂與教會密不可分直到基督再來。新約聖經所描述的，即是教會在聖靈的帶領下

欣欣向榮、不斷擴張的情形，當時教會尚未受到無果效的傳統和無信心的恐懼所帶來的壓力。那時上帝子民的目標是到各處傳揚耶穌基督（8：14）。

聖靈建立了教會，維持其內在生活，時時更新，賜予力量完成使命，並促使其不斷成長。若我們仔細研讀使徒行傳，就不難得出上述結論，使徒行傳就是一部關於聖靈與教會的指南。

就在五旬節的那一天，聖靈以其無比的豐盛沛降在眾使徒的身上。彼得帶著聖靈所賦予的大能，向著聚集的眾人高聲見證、勸勉，呼召他們悔改並相信耶穌基督。有三千人「領受了他的話」並「受了洗」（使徒行傳 2：37 － 41），由此，教會便建立起來了。從那時起，教會與聖靈之間產生了密切的聯繫。

眾門徒有了聖靈所賦予的見證與傳道的大能，便「按著聖靈所賜的口才說起……話來」（使徒行傳 2：4）。「他們就都被聖靈充滿，放膽講論上帝的道……使徒大有能力，見證主耶穌復活。」（4：31 － 33）那麼，基督教會中便處處滿溢著一種深刻的、無法抗拒的聖靈之同在。

在安提阿教會中，聖靈呼召並差遣了第一批傳教士。「當他們事奉主、禁食的時候，聖靈說：『要為我分派巴拿巴和掃羅，去做

我召他們所做的工。」於是禁食禱告，按手在他們頭上，就打發他們去了。他們既被聖靈差遣，就下到西流基。」（使徒行傳13:2－4）

此外，聖靈引導著傳教士的腳步，指示他們哪裡要去，哪裡當避免。聖靈命令彼得去拜訪該撒利亞哥尼流的家（使徒行傳第10章），吩咐腓利要下到迦薩傳道（8：26－40），也禁止保羅和西拉進入亞西亞和庇推尼，反而引導他們來到馬其頓（16：6－7，9－10）。儘管知道危難即將到來，聖靈還是引導保羅回到耶路撒冷（20：22－23）。

在遭受迫害的歲月中，有聖靈作教會的安慰。「凡事敬畏主，蒙聖靈的安慰，人數就增多了。」（使徒行傳9：31）聖靈對早期教會的引導表現在其管理的才能上。在論到第一次耶路撒冷大會所作出的重大決定時，彼得聲明：「因為聖靈和我們定意」（15：28）。在保羅對以弗所教會長老的臨別勸勉中，他提醒這些人是聖靈親自立他們作眾人的監督（20：28）。聖靈使教會浸潤在上帝的同在中，就這樣帶領、賜福與保守。

傳福音的動機

1. **對基督的感恩。** 在第一、二世紀有許多偉大的基督徒，他們將福音傳向世界各地，原因就是他們透過耶穌基督感受到上帝無與

倫比的愛。他們發現宇宙終極的力量就是愛，正是為了人類的益處，
這種愛已然卑躬屈膝到無以復加的地步，這一點對相信者產生的震
撼是任何力量都無法抹煞的。上帝在十架上的犧牲，正是為人付上
重價最崇高的典範，在榜樣的帶動下，無疑使得基督徒情緒激昂，
甘願奉獻。對基督的感恩，幾乎是今天信徒期望教會發展最重要、
且唯一的神學因素。所以，去傳揚福音吧！去創造一種使人人都能
經歷上帝改造人心的恩典與大愛的文化吧！那些近來第一次或再一

次體驗到這振奮人心的經歷之人，將會成為你身邊對於投身傳福音事業最為積極的人。

2. 遵從大使命。 基督所發出的使萬民作門徒的呼召，是一面指明教會拓展方式、教會事工及使命方向的大旗。作為基督的肢體，教會存在的使命，就是要接觸所有失喪的、受傷害、受壓迫的靈魂。因此，大使命並非是基督教律例中需要人們遵守的強制性命令。更準確地說，它是基督對於我們身分的宣告。這使命就是一種機會，我們接受它，表明我們被允許以基督所引領的方式加入祂。教會若能接受這個基督所提供的特權，並將其視為工作的首要，則必會經歷到使徒時代式的快速增長。

3. 對他人的愛。 對於上帝來說，迷失的人非常重要，那麼對於我們也應如此。那些懷著慈悲心腸，期盼失喪的人得以尋回、疏離的人得以重聚、受挫的人得以振奮的信徒，會發現自己不由自主地想去接觸非信徒。這種根植於上帝神聖之愛的動機，已經成為世世代代福音傳播工作的重要驅動力。我們每個人需要捫心自問的是：「我們是否為迷失之人感到悲痛或憂傷？我們是否給予他們足夠的關心，願意接觸他們，並與他們分享耶穌的故事？」

4. 堅信基督與我們同在。 基督在世上顯現，祂正呼召我們加入，成為祂的使者，並透過我們來顯出基督的吸引力。祂承諾要賜予我

們權柄和能力——甚至依照具體的環境給予我們指導。救主的追隨者一旦確信上帝親自帶領並與他們同在，那麼任何事都無法阻止他們。我經常會問教會領袖和信徒：「你們現在所從事的福音傳播與服事的工作，不是只有當上帝同在時才能取得成功嗎？」持續發展的教會領袖與信徒紛紛表示贊同，希望你也能深刻體會到這一點。

健康成長的復臨教會

我們對持續增長的復臨教會進行研究，發現這些教會堅守著本章所探討的所有原則。如果你希望你的教會成為不斷擴展的教會，就要回歸本源：學習如何禱告與敬拜，學習讀經，依照基督的心意生活，再學習如何彼此相愛，並愛那些失喪的靈魂。要營造一種氛圍，使人明白迷失的人對於上帝來說甚為重要。倘若你能做到這一點，你和教友將擁有傳福音的異象，不論你們走到哪裡，在任何環境和條件下，都能夠抓住機會與人分享耶穌。

上帝曾經應許祂既是房角石，也是教會的頭。惟願你的教會能擁有此等穩固的基石與領袖，成為照亮一方的明燈，成為溫暖世界的恩典之源。

第二部分

賦予能力的
僕人式領袖

Empowering Servant Leadership

教會中的一切都取決於領袖，因此在領袖培訓與發展上投入更多，不失為明智的做法。領袖們不僅為教會的增長創造了條件，定下了基調，也創建了整套體系以期助人達到靈性的成熟。最重要的是，領袖能夠帶動會眾以飽滿的熱情來事奉神、服務人。

第二部分總共包含三章，其重點在於：
① 營造出基於信心的樂觀精神
② 重新定義屬靈領袖：仰望耶穌
③ 作扶持領袖的人

第一章我們主要以不斷成長的地方教會牧師及領袖的態度為研究基礎。雖然文中的訪談主要針對神職人員，但得出的原則卻適用於所有人。

第二章是聖經中關於牧師以及領袖角色的範例。雖然並非完全基於我們的研究，但研究結果表明那些在成長教會中的領袖，的確具有某些特性。理解本章講述的原則對於所有牧師和信徒來說都至關重要。在此基礎上，牧者會更加自由地去做上帝呼召他們去做的事情，而會眾對他們的牧者也會抱有正確的期待。在本章中所提出的許多原則，將在本書的其他章節中給予更詳盡的闡釋。

　　第三章闡述了裝備、訓練，以及使每位教友有效進行服事及傳福音的重要性。本章涵蓋了聖經原則、研究成果以及個人見證。我曾牧養的一個教會經歷了顯著的成長——本來只有 40 位教友，後來發展成為 500 人參加聚會。

　　每一位領袖的主要任務，都是訓練、裝備某人，使之可以承擔自己所從事的事工。我也一直在問神學生，在他們當地教會中是否有一套專門訓練和裝備教友的方式。在過去的十年中只有少數人回答，他們當地的教會確實有為事工和福音工作而實施的培訓計畫。耶穌花了三年半時間訓練門徒來擔任福音工作。保羅給牧師一職下的定義是：聖徒的裝備者，為要各盡其職，建立基督的身體。*

* 參閱以弗所書 4：12；提摩太後書 2：2：「你在許多見證人面前聽見我所教訓的，也要交託那忠心能教導別人的人。」

第 **2** 章

教會增長中最重要的因素：
基於信心的樂觀精神
The Most Important Ingredient in Church Growth:
Faith-based Optimism

「信心」與「樂觀」——多麼簡單的兩個名詞，卻足以改變你、你的教會和你的未來。在教會增長中，以希望和信心為基礎所產生的積極健康之態度，是名列第一的人文因素。如前言所述，這項針對 2003 年到 2007 年復臨教會發展的研究，鎖定了北美發展最快的教會為研究對象（連續五年赴會人數、信徒人數和受洗人數至少增加 5% 的教會）。[1] 為了公平起見，此項研究並不包括任何以事奉第一代移民為主的教會，因為他們所服事的對象對信仰的接受程度普遍較高。在這些嚴格的標準下，有五個教會脫穎而出（以下簡稱 A 教會，B 教會，以此類推）。[2] 研究人員同時為每一個快速增長的教會選擇了三個地理位置相鄰，發展卻處於下降期或停滯期的教會作為對照。

相同的位置，不同的結果

根據我們的研究，增長最快的 A 教會位在美國中部。為了更瞭解這個活力四射的教會，研究人員首先採訪了在同一地區牧養、服事卻了無生機的三位牧師。當他們被問到教會停滯不前的原因時，幾乎所有人都說：「這是一個很難作工的地方。人們對復臨信息根本漠不關心。多數人是浸信會或靈恩派的。」當我問他們：「對未來怎麼看？」他們說：「前途堪憂。浸信會越來越強大，我們卻越來越軟弱。」

A 教會始建於二十世紀 90 年代末，地處中等規模的城市，在社區福音事工上表現出色。A 教會的牧師在接受採訪時，談到他所服事的城市說道：「我喜愛住在這兒。這個城市的居民熱愛上帝，我們為他們禱告、滿足他們的需要，所以他們也愛來我們的教會。上帝一直恩待我們；我們大概在 8 年前開始建立教會，一開始只有幾個人，如今參加聚會的超過 5 百人。」

B 教會座落在人口超過 5 百萬的南部大都市，教堂靠近商業區，在過去 10 年左右的時間裡經歷了令人矚目的復興。如今作為一間多元文化交融的教會，領導能力與佈道水準皆勝人一籌，平時積極參加聚會的人大約有 5 百位。

　　與 B 教會毗鄰、發展卻處於停滯，甚至衰退的復臨教會的牧師辯解說，這一地區的居民大多是虔誠的浸信會信徒，對復臨信息不感興趣。我著實感到驚訝，便問道：「您的意思是說，難道住在這裡的 5 百萬居民都有他們的宗教信仰，而且都很虔誠？畢竟任何地方都有人尋求上帝，即使是在其他教派的人也是如此。」他們便無言以對了。

　　相比之下，B 教會的牧師始終秉持著基於信心的樂觀精神。「挑戰不會讓我們嚇破膽。我們的任務就是祈禱，有效地推行事工及傳福音，而上帝的任務就是把人送到我們這裡來。」

　　C 教會歷史悠久，位於美國西北部一個人口眾多的城市郊區。該教會的赴會人數幾年內增加了遠遠不止一倍，達到了 4 百多至 5 百人。他們正大力推展一項新穎的社區服事工作。C 教會的牧師說：「能來到這裡服事是我人生中最美好的事情了。原本這裡的人們對教會並沒有什麼特殊的好感。我們為他們祈禱，關心他們的需要，於是他們就都來加入我們的教會了。」

　　但當我們採訪其他三位在同一地區、其教會發展卻呈現下降趨勢的牧師時，他們告訴我們有關當地教會的情況：「我們所在的地區算得上是這個世界上最世俗的地方了，不管什麼形式的佈道都很難開展。這裡的人根本不關心上帝，不需要祂，那麼自然而然他們

就更不需要教會了。」其中一位牧師評論說，甚至在法國巴黎如此世俗的城市，去教會的人數都要比在這個地方來得高。當被問到教會未來的發展，他們的回答卻很一致：「一定是愈發困難！」同一個地方、卻有著截然不同的態度，截然不同的結果。

但這並不是說只有在郊區或城市中的教會才有增長的機遇。D 教會位於美國中部的一個小鎮，雖然規模不大（安息日上午約有175 人聚會），發展卻頗為迅速，並在社區中開展各樣事工。城鎮的小格局並未阻礙牧師的信心，他堅信無論城鎮多小，只要相信上帝，教友們就會成為熱心傳道的人，他們會為他人祈禱，並邀請朋友參加聚會。因此，這位牧師致力於使教會在靈性上趨於成熟，成為極富吸引力的地方。5 年的時間，這間教會增長了50%。

E 教會位於西部的鄉村地區，在當地社區有極大的影響力，對於發展充滿熱忱。赴會的人數約為 4 百人，多為英裔美國人。此外，也有少數拉美裔的居民。[3] 但情況並非一直如此。這間教會曾經一度瀕臨死亡，新牧師剛上任時聽到的全是沮喪的話：「在這樣小小的鎮上，這間教會是不會增長的，況且連這小鎮也是停滯不前。」然而 E 教會的牧師堅信上帝能夠拯救垂死的教會，懷著這樣的信念，他帶領會眾奮勇向前，如今這照亮當地社區的亮光，已成長為一間充滿活力、熱情四射的教會。

最重要的因素

　　沒有任何單一因素是可以力挽狂瀾，獨自幫助教會增長的——
包括我們想像中絕佳的地理位置，認為只要占了這塊風水寶地，教
會就會自然而然在人數或其他方面取得增長——若是沒有聖靈的幫
助，即使付出努力且輔以策略，也是於事無補的。只要有聖靈相助，
我們就有理由對未來充滿信心，樂觀熱忱。在我們的研究中發現
能夠促進教會成長的因素——包括有效的領導能力，教友的熱心參
與，對祈禱力量的運用以及鼓舞人心、充滿活力的敬拜[4]——沒有
一樣能比基於信心的樂觀精神更為重要。

得勝的態度

教會增長中最重要的因素就是要有得勝的態度，它是基於對上帝的信心與仰賴。態度包括一個人看待事物的方式——你的觀點以及對周圍事物的解讀。總之，態度是思想的濾鏡，人透過它認識這個世界。有些人透過樂觀積極的濾鏡觀察世界，因此無論發生任何事情，他們總是相信上帝使萬事互相效力，叫愛上帝的人得益處（羅馬書8：28）。我們可以將得勝的態度定義為：不看變幻無常的世事，而是依據上帝的應許與作為來對周遭事物進行解讀。

態度可分兩種：得勝的或是挫敗的。讓我來告訴你，為什麼我們必須對挫敗的態度說不。上帝曾經應許要將流奶與蜜之地賜給祂的子民，但摩西派出窺探那地的十個探子，卻不相信上帝真能兌現祂的諾言。他們完全透過人的眼光來看待事情（民數記13：31）。這種挫敗的態度不僅阻擋了上帝的祝福，也深深冒犯了祂。這十個探子預先看到了這地的美妙，但有生之年卻不能擁有它，因他們輕慢上帝，以致祂的憤怒傾降在他們頭上（民數記14：20－23）。

此外，挫敗的態度會使人倍感焦慮，並缺乏安全感。探子們踏上征程的時候信心滿懷，不畏艱險，但回來的時候卻充滿恐懼，不再相信及依靠上帝（申命記1：28）。正是因為這十個探子感到絕望、背叛、沮喪與不安，以至於整個以色列大營都嚎啕大哭，他們的負

面情緒影響了每一個人，甚至最終人們要立一個新首領帶他們回埃及去（民數記 14：1 － 4），他們不再信靠主了（申命記 1：32 － 33）。挫敗的態度會產生不信的心，正是這份心思使得十個探子失去了對上帝的信心，寧可把自己比作蚱蜢（民數記 13：33）。

得勝的態度可以開啟你屬靈的眼光（民數記 13：30）。同樣的情形，約書亞和迦勒卻有不同看法。他們看到了那地的居民強壯，城邑也高大堅固，但他們知道上帝會信守承諾（申命記 1：29 － 31）。他們沒有表現出一丁點懼怕之意，反而極力鼓勵以色列民。

窺探地的人中，嫩的兒子約書亞和耶孚尼的兒子迦勒撕裂衣服，對以色列全會眾說：「我們所窺探、經過之地是極美之地。耶和華若喜悅我們，就必將我們領進那地，把地賜給我們；那地原是流奶與蜜之地。但你們不可背叛耶和華，也不要怕那地的居民；因為他們是我們的食物，並且蔭庇他們的已經離開他們。有耶和華與我們同在，不要怕他們！」（民數記 14：6 － 9）

得勝的態度是虔敬領袖的標誌。聖經說上帝喜悅約書亞與迦勒（申命記 1：35 － 36），約書亞成為摩西的繼任者，他帶領著以色列人在戰場上取得偉大的勝利。若是領袖們信靠上帝，相信在祂沒有難成的事，祂必能帶領教會走出現狀，去往主為他們所預備的地方去。

不論環境如何，保持得勝的態度

　　我不曉得為何上帝要摩西差派探子去迦南地。主完全可以告訴摩西有關這個城市的任何小祕密，並且引導祂的兒女以色列民走向勝利。但我得出的結論是，上帝要考驗祂子民的態度。在我們真正得到祝福之前，祂允許我們經歷一些狀況。我們如何應對這些問題？我們是否感到焦慮？我們真的信靠祂，相信祂的全能嗎？

　　得勝的態度有個至關重要的特質，就是要以信任和信心作出回應。受到挫敗態度影響的不僅是不順從的探子，後來以色列民不

顧上帝的警告，想要憑著自己的力量征服應許之地也表現出這種態度——結果以色列人慘敗（民數記 14：40 － 45）。我們經歷困苦艱難時，很容易感到害怕，便開始憑藉自己的力量來與環境對抗，卻忘記了萬事都在上帝的掌控之中。當我們遇到人生中不可逾越的障礙時，需要在主裡尋求力量。若能這樣行，我們的眼光就可以超越這世上所見所聞。箴言的作者告誡我們要專心仰賴耶和華，遠離惡事，不可倚靠自己的聰明，在一切所行的事上都要認定這位大有能力的神（箴言 3：5 － 6）。

　　態度是具有傳染性的。你的態度是否值得用來感染別人？此外，態度是非常有力量的。正因如此，挫敗的態度會給他人造成嚴重的影響。僅僅十個普通人就能煽動幾乎全體以色列民來反對摩西、約書亞和迦勒，這是多麼不可思議的事！是否覺得此情此景似曾相識呢？會眾中一個任性妄為的人便能使整個教會陷入挫敗的情緒中。因此，我要勸你千萬不要在你的生活或教會中為挫敗的態度留有任何空間。若由我來作總結，我會說，你的態度決定你的命運、成敗和成長。

為耶穌贏得世界

　　當我們說人們對此不感興趣或很難打交道的時候，其實是在對上帝、我們自己，甚至那些我們設法影響的人們說不。若你已經堅

信人們對信仰根本沒有半點興趣，那麼你還會想要嘗試新的方式或努力去做嗎？

今天教會所面臨的情形與第一世紀的時候大致相同。那時，以三大城市為代表的三種主要哲學思想大行其道。耶路撒冷代表傳統，人與人之間漠不關心與信仰僵化；雅典象徵著現代，對待新思想態度開放；而羅馬城則充斥著娛樂、英雄崇拜與享樂主義。不論在哪個城市，忠心的基督徒們都遭到持續不斷的迫害。儘管面臨挑戰——樣樣都不比我們今天面對的更容易——基督的福音依然傳開了，上帝的國也成長起來。回首第一世紀，我們滿心羨慕，因它是教會飛快增長、基督教精神突顯的時代。但是基督教的傳播，並不是因為它不曾遭遇挑戰，而是它始終相信它的中心是耶穌基督，還有聖靈的大能。

在我們這個時代，上帝同樣會帶領祂的教會取得成功，走向勝利。若我們想參與其中，就必須信靠上帝和祂的靈。

在研究採訪過程中，我們聽到許多關於教會未能成長的理由。一位牧師說：「我們的教會在一個非常富裕的地區，人們根本不需要上帝。」另外一位解釋道：「我的教會所在地很窮，所以當地的人必須打兩三份工，他們根本沒有時間敬拜上帝或來教會。」還有一位牧師告訴我們：「我的教會所在地，是這個鎮上人民教育水準

很高的區域，大家對上帝都持懷疑態度。」另一種不同的結論是：
「我們教會所在區域很混亂；大家也不喜歡改變，所以請他們到我
們教會裡來實在很困難。」還有另外一種理由：「我的教會在一個
極度後現代的社區，任何事情他們都可以欣然接受，唯獨絕對的真
理與他們格格不入。」「我的教會是在一個工業城鎮裡，」牧師說
道，「人們很難學會以新的方式來經歷上帝。」

對於為何教會停滯不前、沒有發展，我們聽到了一個又一個藉
口。但是持續增長的教會的牧師們卻信心滿懷，要為耶穌贏得這個
世界，他們的態度表明，在上帝手中凡事都能。他們也相信，只要
有上帝的同在，每一間教會都可以不斷健康成長，充滿活力，為事
工與福音奮興不已。這種充滿希望的態度往往是具有感染力的。教
會的教友們也會有同樣的信念、態度及樂觀的精神。這樣一來，他
們就會堅信上帝將為他們、他們的家庭和教會行大事。[5]

主願意行大事

上帝可以成就任何事，而我們是祂的同工。「上帝願意為我們
行大事。我們的得勝不在乎人數的多寡，乃在乎我們是否將全心獻
給耶穌。我們要依賴祂的大能往前行，信靠以色列全能的上帝。」[6]

上帝可以做在我們看來完全不可能的事。在祂手中沒有難成的

事——這是聖經向我們反覆論證的事實。一位已經無法生育的九十歲的女人，丈夫已經一百歲，上帝使她懷孕生子（創世記 17：17；18：10 － 14）；一位沒有出嫁的處女，上帝賜給她一個孩子（路加福音 1：34 － 38）。祂使用幼童戰勝巨人（撒母耳記上第 17 章），祂應許若是我們能有芥菜種般的信心，連山也可以挪動（馬太福音 17：20）。整本聖經的重點就是要信靠那位無所不能的上帝。

「主耶和華啊，你曾用大能和伸出來的膀臂創造天地，在你沒有難成的事。……在埃及地顯神蹟奇事，直到今日在以色列和別人中間也是如此，使自己得了名聲，正如今日一樣。用神蹟奇事和大能的手，並伸出來的膀臂與大可畏的事，領你的百姓以色列出了埃及。」（耶利米書 32：17 － 21）

耶穌看著他們，說：「在人是不能，在上帝卻不然，因為上帝凡事都能。」（馬可福音 10：27）

當人們相信上帝的能力，祂就賜予他們豐盛的祝福。如今，主依舊是全能的主。我們的樂觀精神是基於祂永恆不變的本質，源源不絕的能力和信實可靠的應許。

信心因素

充滿信心的態度是如何影響教會，使之成長的呢？

1. 沒有什麼比見到上帝運行在我們中間更振奮人心

親眼見證上帝作工，無論對於個人還是會眾來說，都是一種非凡的激勵。信任的態度，會使上帝在我們中間施行神蹟，於是人們會擁有更堅定的信心，從而得見更多上帝的作為。

2. 我們能夠選擇我們的態度

我們的過去、所受的教育、擁有的金錢、成功或失敗、名望或痛苦、其他人如何看待議論我們，甚或我們所處的環境和地位——無論何事，都不比得勝的態度更為重要。它比外貌、天賦、技巧更加關鍵，它關係著事業、教會或是家庭的生死存亡。難能可貴的是，我們可以選擇每天以何種態度來面對生活。我們沒有辦法改變過去或是人們做事的模式，也沒有辦法改變那些必然發生的事，唯一能做的就是選擇我們的態度。

3. 歡樂的態度是有感染力的

在主的工作中歡喜雀躍是可以感染整個教會的。想像你的教會是個充滿喜樂、歡欣鼓舞的教會，沉浸在對上帝的信心之中，快快樂樂地從事祂的工作。

你想成為何種領袖？

你想成為何種領袖——是充滿各種藉口的，還是滿懷信心與樂觀精神的？如果你有了正確的態度，就能夠獲得邁向成功的必需技能，並且上帝會賜給你所需要的各種資源。有些人可能會說：「我所面對的困難和要應付的矛盾，你根本不理解。」發展一個教會並非不費吹灰之力，甚至稱得上是件不容易的事，但若有上帝參與，則凡事都有可能，哪怕是在極富挑戰性的地方拓展教會並使之成熟。主從未叫我們懷有失敗的心態，相反祂要我們擁有成功的精神。「因為上帝賜給我們，不是膽怯的心，乃是剛強、仁愛、謹守的心。」（提摩太後書 1：7）祂向我們保證，祂必永遠與我們同在，直到世界的末了（馬太福音 28：20）。

成長的代價

我們必須渴望成長，並樂意付上代價。而成長的代價就是要改變看法，要信靠能成就不可能之事的上帝。信心將賦予我們力量，使我們拋開冷漠的心態，轉而投身宣教的生活，從固守傳統到樂於轉變，從以不變應萬變到與時俱進。根植於上帝應許的樂觀心態能使我們有勇氣走出安逸的現狀，去過充滿冒險、信心、批評，甚至痛苦的生活；從投入時間到追求成效；從抱殘守缺到有活潑的信心。我們必須從平常的敬拜中，轉而觸碰上帝的心。從把敬拜作為職業

轉為全身心地投入；從以計畫為先轉為以目的為主；從著眼痛苦轉為心繫應許；從重視教會活動轉為關注人的需要；繼而從靈性上的癱瘓轉為向上帝祈禱。

實現它：實用四步驟

①首先建立自己的信心。學習聖經及歷史中上帝的作為。

②活出信心。在言談舉止上表現信心，要不住地談論上帝無窮的力量。

③透過佈道、見證、標語、旗幟橫幅和詩歌的形式，將上帝的偉大灌輸到會眾的心中。

④建立一個擁有健康的自我認可能力、充滿熱情的教會，相信萬事皆有可能。

- **對祝福加以頌揚。**呼籲會眾關注上帝在你的教會中所行的事。要為來教會敬拜的人數增多和奉獻讚美上帝。使所有的紀念日成為對過去的祝福，以及教會所走過歷程的紀念。要因上帝為你的教會所做的美善之事特別獻上感恩的祈禱。

- **改變表達方式。**從信心的角度解決問題，把它們稱為機遇或挑戰。不要把問題看作限制，它只是需要發揮創造性的機會。不再使用「失敗」這個詞，它只是有益的風險：「作為教會，我們不怕為上帝嘗試新事物。」

- **招募支持者。**找到那些擁有基於信心的樂觀精神，並相信無限可能性的人。邀請他們作見證，擔任領袖的角色，並在做出決策的時刻發表意見。

你與基於信仰的樂觀精神

現實的問題就是，這種基於信心的樂觀精神是如何影響我們的呢？你可能會說：「嗯，我並不是牧師，只是教會裡面一名普通的信徒，也做不了什麼事。」那麼，這種基於信心的樂觀精神會使你的生活產生變化，表現在以下三個方面：

1. **它會影響你對上帝的瞭解。**持有這種基於信心的樂觀精神，其實就是接受在上帝凡事都能的事實，並且相信祂留下的使命——使各國、各民、各族成為祂的門徒——相信它一定會實現，即使人們一開始並不相信這一點。

2. **它會影響你的見證與傳福音。**只有當平信徒們滿懷熱忱地投

入到耶穌基督的使命中，並且積極地與其周圍的人分享祂的愛時，
教會才會開始真正的成長。信徒對於傳福音的工作缺乏參與感，可
能是由於靈性的軟弱、異象缺失、害怕拒絕、忙碌、對於傳統傳福
音方式的輕視——如挨家挨戶或是類似的公眾方式、傳福音工作的
職業化或是不確定人們對於福音是否感興趣，尤其當我們所傳揚的
信息又是如此獨特。有些人甚至會因他們當地的教會感到窘迫，還
有一些人也許並不相信他們所傳揚的信息能讓這個世界發生改變。
**但是若你真的相信那位無所不能的上帝，你會更加樂意與他人分享
信仰，並堅信人們也會以積極的態度作回應。**

　　你會認出，上帝在各處都有祂的子民，並且許多人都樂意接受
祂的呼召。我經常分享我是如何在巴格達——這個世界上最不可能
接受信仰的城市之一——來到救主面前的。如果上帝能在巴格達的
街頭找到我，那麼顯然在世界任何地方都有祂的子民。

　　基於信心的樂觀精神也會塑造你參與事工的方式。這樣，你的
事工將會被賦予永恆的意義。不管你從事何種事工——無論是針對
成人或是兒童事工，無論你是執事或長老——都能引人來到施恩寶
座前。在這裡，他們的生活將會發生翻天覆地的改變。

　　3. 它會影響你對教會事工及其拓展的態度。對上帝的工作造成
阻礙的最主要因素之一，就是我們的態度。我幾乎無數次地聽到人

們在教會的堂董委員會或是其他場合，說到某某地方的事工難以推展。「這裡的人並不接受福音。我們以前就曾經努力過，不過沒用。我們也沒有錢和資源來做這個或那個。」但當你擁有了基於信心的樂觀精神，就會充滿新的熱情來分享你的信仰，會設法來接觸他人，調整過時的方式來適應新的時代。當教會所有的領袖和信徒們都相信這種態度，並且整個教會的生活——從詩歌讚美到各項事工，從事工會議到福音的傳揚——都浸潤其中的時候，這種根植於信心的樂觀精神便可付諸實行。

基於信心的樂觀精神

　　一種樂觀且充滿信心的態度，意味著挑戰不會嚇倒我們，我們所期盼的是上帝勝利的干預。當我們在聖靈的大能中工作時，我們祈求聖靈感動大批的人悔改。我們祈盼上帝行大事。

　　你所期望的是什麼？上帝便會依照你的信心和期待來回報你。因此，要為那偉大的敬拜和服事、偉大的信心和安息日學、偉大的民眾和成長而安心等待並祈禱。期盼上帝為我們行偉大的事，期盼上帝幫助你來發揮你的潛能，期盼人們得以悔改，並且改變這個世界，為上帝做奇妙的事。

　　摩西派出十二人去打探是否能夠順利攻下應許之地。十個人回

來後，聲稱這是不可能的事。但是有兩個人說，只要上帝與我們同在，我們就能做到。

我的朋友們，你們覺得如何呢？加入我吧！相信只要上帝與我們同在，奇妙的事將會發生，我們的教會將會成為令人嘖嘖稱奇的地方，我們可以為耶穌基督贏得這個世界。

「這個世界上任何力量都不能完成的事情，藉著祈禱和信心卻可以完成。我們毋須這麼焦慮不安。作為一個平凡人，我們不可能去到所有地方，做完一切需要做的事情，在工作中經常會顯出缺憾，但是如果我們對上帝表現出堅定不移的信任，而非倚靠人的能力或天賦，那麼真理將會得以發展。讓我們將一切事情放在上帝的手中，讓祂按著自己的意願，藉著祂所揀選的器皿，以自己的方式行事。那些看起來軟弱無力的人若是能夠謙卑，上帝也將使用他們。人類的智慧，若沒有聖靈日日的引領，將會顯出愚昧。對於上帝，我們必須表現出更多的信任及依賴。上帝將成功地完成所有的工作。我們精心策劃卻無法達成的事情，懇切的祈禱和信心將為我們做到。」[7]

附註：
1. 為了找到這樣的教會，研究人員聯繫了北美分會下屬的各聯合會，以確定在其管轄範圍內符合研究標準的教會名稱。一旦研究人員確定了屬於增長狀態的教會（以及在地理位置上接近的，處於停滯期的教會），便會就教會成長的因素，信徒的訓練與裝備，教會

的祈禱及崇拜等問題對牧師進行採訪。

2. 當標準放寬至 3－5 年內增長率保持在 3－5% 的時候，符合標準的教會總數為 23 個。但本章僅論述了發展最快的前 5 個教會的特點，它們都是在至少 5 年的時間內增長率不低於 5% 的教會。

3. 但拉丁美裔並未列入教會增長的計算。

4. 我們的研究表明敬拜的風格與教會的增長並不相關。

5. 「牧師的回答其實是為會眾的反應定下基調。若是牧師公開表現出挫敗、痛苦、失望或沮喪，那麼會眾也會亦步亦趨。」（霍華德‧K‧巴特森，《教會增長通識》【佐治亞州梅肯市：Smith & Helwys 出版社，1999】，第 89 頁）。

6. 懷愛倫，《上帝的兒女》（馬里蘭州黑哥斯敦：評論與通訊出版社，1995），原文第 279 頁。

7. 懷愛倫，選自懷氏手稿（馬里蘭州銀泉市：懷氏著作託管委員會，1990），第八卷，第 218 頁。

第3章

重新定義聖經中屬靈領袖的角色：
仰望耶穌
Redefining the Biblical Role of Spiritual Leader:
Looking to Jesus

當我從神學院畢業、來到人生第一所教會服事時，便向幾位經驗豐富的牧師討教。「作為牧師，我的角色到底是什麼？我應該要做些什麼呢？」其中一位告訴我：「你就去到分派的地方，設法讓人開心就好了。」另一位則鼓勵我去拜訪、拜訪、再拜訪，還有一位認為牧師的主要任務是要帶領新人來到教會。這些回應使得我在接下來的數年中都在研究一個問題：屬靈的領袖，究竟是怎樣的角色？

牧師和其他屬靈領袖身上背負了眾多期望，一部分是教會寄予厚望，另一些則源於自身的責任感。人們認為牧師就是要做管理員、輔導員、充滿異象的人、佈道家、教師，釋疑解惑並指引方向的人。

這些領袖們經常會發現自己被不同的需要拉扯著，分身乏術，他們一年到頭汲汲營營，卻不能確定他們做的一切是否真是在回應上帝的呼召，並非徒然捕風。對聖經中屬靈領袖角色真正的瞭解，可將牧師從瑣事中釋放出來，使其能夠將精力放在正確的事物上，也能夠幫助信徒對牧師有恰當的期望。只有這樣教會才能一派祥和，見證、傳福音、門徒訓練將會成為工作的重心。畢竟，這不就是上帝呼召我們去做的事嗎？

接下來要進行的聖經學習（關於牧師的角色），將會為教會的健康和成長建立一些不可或缺的原則。在研究中我們發現，成長教會中的牧師或屬靈領袖通常會關注這些重要的原則，並將其應用在事工當中。此外，蓬勃發展教會的信徒往往對他們的牧長有著恰當的期望。對聖經中牧師的角色有正確的理解是至關重要的。眾多教會之所以處於停滯不前的狀態，就是因為牧師被許多瑣事牽引著，反而將上帝呼召之事棄之不理了。

在聖經中，牧長們的功用是什麼呢？聖經中有沒有範例可以幫助我們理解他們在其中的角色呢？經過多年觀察及文獻資料研究，[1]在我看來，看待牧師職分有兩種截然不同的方式：傳統角色與現代角色。

傳統角色

幾世紀以來,人們把牧師看作僕人式的照顧者,肩負著各種不同的職責,比如:

1	教義的教導及宣講
2	照顧的職責(探訪諮商、安慰、滿足人心需要等等),主持各種儀式(浸禮、婚禮和葬禮)
3	管理(如監督會議,整理簡報,為教會籌劃節目,期望透過一些佈道方式深入社區)
4	與社區互動時,作為教會的代言人

但到了二十世紀 70、80 年代,出現了一種對於牧師角色新認識。許多書籍和超大型教會的牧師開始推崇牧師的角色應是 CEO(首席執行長),是建立異象,並且在一個變化、健康的環境中,召集、激勵人們將異象實現的領軍人物。

現代角色

今天許多談論教會增長和領導力的書都一致提出,若是牧師因循守舊地持續做他們多年來所做的事,那麼他們的前景可謂是死水一灘。《未竟之業》[2] 的作者葛列格・奧登提出,牧師應是一位具有遠見的領袖,他需要不斷培養其他領袖,建立異象,並且改變文

化及結構——所做的這一切都應著眼於使命，福音的傳播與教會的增長。我看出這些想法新穎深刻，實用性強，可惜往往沒有太多的神學依據予以支持。

這種僕人式照顧者的舊模式並不適合發展。它創造出一種氛圍，使人們完全指望牧師來滿足自己和他人的需要。這種模式與聖經中作所有信徒的祭司之原則背道而馳，它鼓勵信徒們要關注自己的需要，結果阻礙了上帝國度的發展。而 CEO 式領袖的新模式，揉合了聖經精神及商業慣例。大多數談論教會增長的書都指出領導模式要與教會背景相適應。這種方式有許多潛在的危險性；首先，它可能引導人們去追隨人格魅力而非聖經原則。第二，這種新模式的重點在於當地教會，而將普世教會排除在外。它會導致人們將關注焦點放在如何擴張教會規模而非創立健康的教會。最後，我們所使用的任何模式都需要回歸聖經和神學基礎才能有所發展。我堅信，牧師的角色應來自於聖經中的榜樣，並且有堅固的神學基礎。

聖經中牧師的角色

那麼聖經中的要求如何？作為牧師應該做些什麼？就這一問題，對所有受囑託的基督門徒——作眾信徒的祭司——聖經是如何說的呢？

　　我想,透過研究耶穌的事工,我們可以找到這些問題的答案。祂為我們作了榜樣,告訴我們一位理想的牧師該如何行事為人。當我們審視耶穌的生平及事工時,會發現祂在地上做了五件事:耶穌與天父建立了親密的關係、祂傳揚上帝天國的福音、祂滿足了人們的需求、祂藉著聖靈的力量訓練門徒,還有祂將生命獻上作為祭物。

　　這就是在本質上牧師應該做的事。牧師們必須仿效他們完美的榜樣耶穌基督。當他們這樣做時,對於其他信徒來說就是言傳身教,那麼其他信徒又會影響更多的人。這樣一來教會變得充滿活力,加之聖靈運行其中,教會增長便是水到渠成。

　　本章就來細細剖析這五個方面,使我們對牧師的神職有清晰的神學認知。

　　耶穌生平的第一件要事──與天父保持親密的關係。聖經反覆教導我們,耶穌視與天父獨處的時間,為祂一生要務之中的首重。祂的生命表現出對上帝同在時刻的強烈渴求,因為祂的心中切望觸碰到上帝的心。請注意以下在祂一生中發生的小事:

　　「那時,耶穌出去,上山禱告,整夜禱告上帝。」(路加福音6:12)

「散了眾人以後，祂就獨自上山去禱告。到了晚上，只有祂一人在那裡。」（馬太福音 14：23）

「次日早晨，天未亮的時候，耶穌起來，到曠野地方去，在那裡禱告。」（馬可福音 1：35）

耶穌過的是禱告的生活。祂每日的生活都以和天父交通展開，然後用與天父共享親密的關係來結束一日的工作。有時，祂甚至用整夜的時間向上帝祈禱。實際上，耶穌一直和祂在天上的父同行。

耶穌每天所做的第一件事，就是以上帝同在填補祂生命中的缺乏。因此在整日的生活中，祂的心中都記掛著天上的國。祂一生都在盡其所能，將內心的狀態轉換成外在的行為。祂的內心是與天父聯合，體會作為上帝兒子的喜悅，而祂的行為表現則是履行天父的旨意。這就是祂所行的每件事都卓有成效的原因。從與上帝的交通中，祂得到天父賜下的恩典與力量。

懷愛倫在《喜樂的泉源》這本書中強調我們也需要這樣做，她寫道：「祂成為人，就使祈禱成為必須之事，及人的一種特權。祂從與天父交通之中得到安慰和快樂。人類的救主和上帝的聖子，尚且覺著必須禱告，何況我們軟弱負罪必死的人，豈不更當時常切心禱告嗎？」[3]

在書中懷愛倫勉勵我們，要以禱告開始每一天的生活。「每日早上，第一件事，就是獻身歸於上帝，應當禱告說：『上帝阿，求你接受我，使我完全屬你。我把所有的計謀，排列在你的足前……』這樣的獻身，是每天當行的事。每日早晨應當把一天的精力獻給上帝，你一切的計畫要交給上帝，或實行、或作罷，都要隨祂的聖旨批准。這樣你就天天可以獻身給上帝，行事為人，自亦漸漸與基督相同了。」[4]

聖經告訴我們，耶穌在世上過的是與天父完全連結的生活。經文中清楚地表明，耶穌在早晨、晚上、整夜，以及危機的前後都在祈禱。祂的工作卓有成效皆是由於禱告的生活，祂的生活也因此充滿喜樂。禱告使得耶穌與天父之間緊密相連，父與子之間有著持續不斷的交通。正因為耶穌追求祈禱的生活，因此，即使再繁忙，祂也要定下時間來禱告。沒有人能比耶穌更忙碌。整個世界的命運落在祂的肩頭，但祂總是擠出許多時間與上帝交流。我們今天也必須以耶穌為榜樣。教會迫切地需要模仿耶穌開展事工的方式。

在門徒即將走遍耶路撒冷、猶大全地、撒瑪利亞，直到地極傳揚福音之前，耶穌教導門徒要將上帝與他們的關係之重要性置於首位（使徒行傳 1：4 － 5）。這與耶穌平日表明的態度不謀而合。

禱告是如此重要，以至於耶穌宣稱，若我們沒有與祂連結，那麼我們什麼也做不成。「常在我裡面的，我也常在他裡面，這人就多結果子；因為離了我，你們就不能做什麼。」（約翰福音 15：5）

事工的本質是要號召人們與耶穌基督之間的關係更密切，更熱忱。我們的救主呼召我們脫離孤獨，進入獨處，不要依靠自己，反要倚賴上帝。「你們來，同我暗暗地到曠野地方去歇一歇。」（馬可福音 6：31）陶恕曾表示：「我們被呼召，要永遠注目於上帝。」[5]牧養工作的核心是一種屬靈的工作，要與上帝交往，並幫助他人也這樣行。

耶穌的第二件要務——傳揚福音。耶穌不斷宣揚的信息，就是上帝愛世人。耶穌論到祂在地上的使命時說：「主的靈在我身上，因為祂用膏膏我，叫我傳福音給貧窮的人。」（路加福音 4：18）馬太福音 9：35 告訴我們「耶穌走遍各城各鄉，在會堂裡教訓人，宣講天國的福音。」

耶穌天天教導人，用上帝的話語引領人，呼召他們承認自己的罪，過悔改的生活。

傳揚上帝的話語總能引導人們改變老我，過上全新的生活。上帝的話語就是力量。上帝用話語創造世界，呼喚耶穌基督走出墳墓，

戰勝死亡。正是上帝的話語使我們恢復健康、充滿活力的靈性，激發意義深遠的改變與變革。

耶穌從幼年時期就對聖經充滿熱愛。祂如饑似渴般學習聖經，並帶著力量與權威教導聖經（路加福音 2：46 － 50）。祂對天父所懷的深愛，促使祂去讀天父所賜的聖經，學習瞭解祂的旨意。

作為牧師，應該引導人們對上帝的話語有更深的認識，並且以此作為生活的準則。上帝的話會為我們的靈命帶來極大的好處：

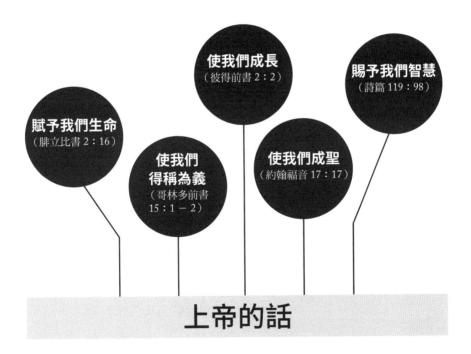

恐怕在許多時候，我們會將經文理解為單純的信息。使徒保羅提醒我們，聖經是要透過對行為的修正，使我們在基督裡過新的生活。這位使徒敦促提摩太要特別留意公眾讀經和聖經的教導（提摩太前書 4：13）。他提醒提摩太整本聖經都是上帝所默示的，「於教訓、督責、使人歸正、教導人學義都是有益的。」（提摩太後書 3：16）

懷愛倫明明白白地指出，我們之所以需要學習聖經，並不是單純為了獲取知識，而是要在生活上發生改變：「你所需要的，不是理論知識，而是屬靈的更新；不是滿足你的好奇心，而是獲得一顆新心。你必須從上頭得到新的生命，然後才能欣賞天上的事。」[6]

現在停止背誦所謂信條，轉而開始尋求它能帶來改變的時候到了。若是追求屬靈的更新，我們根本不需要了解這麼多信息。我們來學習聖經，不要為了追求學識，而是要獲得一顆新的心，這才是上帝話語力量的精華。耶穌從不教導社會學、政治學或是自己的觀點或想法——祂所教導的都是上帝的道。這也是祂力量和權柄的來源。成百上千的人之所以來跟從祂，正是因為祂用上帝的話語來教導他們。

在使徒行傳記錄的一些福音佈道中，我們可以看到上帝的話語被傳揚。但是，即使是在基督徒聚集敬拜並慶祝主的聖餐時（使徒行傳 20：6 起），也同樣會有講道和勸勉。人們對於福音、教導和造就的渴求使得傳揚上帝的道成為教會事工中不可或缺的一部分。上帝呼召使徒們來傳揚上帝的話語（使徒行傳 6：2）。教會的領袖也應是善於教導上帝話語的教師（提摩太前書 3：2）。

當我更加深刻地瞭解到上帝話語的重要性時，開展事工的方式也隨之發生改變。我開始將更多重心放在聖經上，這是以前從未嘗試的。過去，上帝的話語只是關乎教義及上帝的知識，以及佈道信息的來源。而如今它成為力量、變革與改變的泉源。懷著對上帝之道的強烈熱情，我的佈道也開始變得明確、有效。不久我就注意到自己開始發生改變。

在讀經時，我會做的其中一件事情是問：「在我的生命中有什麼事需要改變，或需要鼓勵的？」例如當我讀到約拿的故事，我會問自己：「我向上帝表達叛逆之情的方式是什麼？或者說我以何種方式逃離上帝的面？對於迷失的人，我是否和祂一樣愛得如此深切？」這樣的問題徹底改變了我的讀經習慣和我的生活。當我以這些原則教導會眾時，我知道同樣的事會發生在他們身上。在我們與上帝同行的歷程中，我們不僅要獲得知識，更要汲取力量，不僅要明白經文的內容，還要瞭解上帝的心意，不僅要掌握經文的含義，

還要邀請上帝來掌管我們，賜我們新的生命。

耶穌行的第三件要事——滿足人們的需要。聖經不止一次地提到，「看見許多的人，（耶穌）就憐憫他們；因為他們困苦流離，如同羊沒有牧人一般。」（馬太福音 9：36）耶穌愛世人，祂明白失喪的人對上帝來說非常重要，因此，他們對祂來說也非常重要。

懷愛倫在《服務真詮》中描繪了基督贏得人心的方法。「只有基督的方法，能有感動人的真功效。救主與人同居，同處，確是一個為人群謀利益的人。他與人表同情，奉承他們的需要，以此博得他們的信仰，然後再吩咐他們『來跟我』。」[6] 耶穌著手與他人建立關係，滿足人的需求，頭一件事就是懷著幫助他們的意願與人打交道。只有這樣做，祂才能真正打動他們的心。其次，祂要對他們的世俗事務充滿興趣，才能表現出對他們的同情。懷愛倫曾在書中寫到：「要讓人看出我們的信仰並沒有使我們變得麻木不仁、尖酸刻薄。」[7] 耶穌所做的第三件事就是獲取他們的信任。只有我們先與他人建立關係，滿足他們的需要，打動他們的心，才能贏得人們來跟從耶穌。

注意基督所採取的循序漸進的步驟，它向我們展示了如何能夠透過與上帝建立密切的關係，以同樣的模式為我們身邊的人帶來愛、力量與同情。[8]

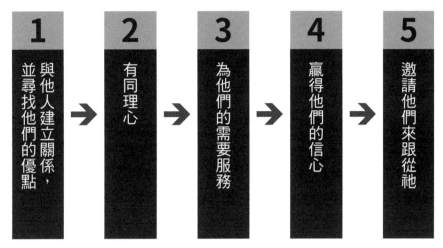

基督贏得人心的方法

　　滿足人們的需要是早期教會的本質，並以各種形式及方法表現出來。在使徒行傳 3：1 − 10，我們看到彼得醫治一個瘸腿的人，在 9：32 − 36，彼得又醫治了一個癱瘓的人，他在褥子上躺臥了八年之久。同一章中還記載了一位名叫多加的信徒，建立了第一個社區服務中心。經文中不僅提到了她和助手們開展了功能完善的社區服務專案，為窮困的人提供食物和衣服，並且見證了不斷有醫治與轉變的奇蹟伴隨著她們的工作。使徒行傳揭示了早期的基督徒不僅互相幫助，同時也為鄰舍帶來關懷。

　　作為基督徒，我們也許經常希望將自己從這個世界抽離，而實際上我們所要做的不僅是待在這個世界上（我們盼望不屬於這個世界），還要與人交際，建立關係，並贏得他人信任。「我們不可放棄社交往來，不應閉門謝客，與世隔絕。為了使福音傳遍各個階層，我們必須在他們的生活環境中與他們接觸。」[9]

　　有一天我去到鎮上最大的雜貨店。站在雜貨店的門口，等人們走出商店，我就向他們詢問是否知道本地的復臨教會在哪兒。我大概詢問了二十個人，可沒一個人說得上來。作為這所隱形教會的牧師，我將其歸結為禱告的欠缺。當我將這一發現告訴堂董會成員時，大家一致認為教會應該為社區努力做一些事。這種參與不僅僅是個人的事，也是整個教會的事。於是，我加入了一些民間組織，教友們也紛紛效仿。我們的教會積極地為貧窮的人建造家園，並且開設有關教養子女與烹飪的講座。此外，我們開放健身房供社區青年人舉行活動，為匿名戒酒互助協會和文化班提供設施。結果，我們的教會在社區中美名遠播。

　　8年後，附近鎮上教會的一位新任牧師前來拜訪，我便與他分享我站在雜貨店門口向人們詢問是否知道本地復臨教會地址的故事。於是他決定也要試一試。他來到自己鎮上最大的雜貨店，也在門口向來往的人們提出相同的問題。結果接受他詢問的幾乎所有人都說，雖然他們不知道當地的復臨教會在哪兒，但是他們卻知道相

鄰鎮上，也就是我們教會的地址。我們需要捫心自問：「若是我們的教會忽然消失了，會有人想念我們嗎？」

耶穌做的第四件要事 ── 藉著聖靈的力量訓練門徒。耶穌在 30 歲時開始公開傳道，那時便開始呼召人來作他的門徒。祂選召了十二個人作祂的門徒，這十二個人就成為捍衛祂傳教事業的人。正如羅伯特・科爾曼在他的著作《佈道大計》中寫道：「祂所關注的，並不是贏得眾人的計畫，而是關注能使眾人前來跟隨的人……這樣的人才是祂為上帝贏得世界的方法。」[10] 耶穌將教導定義為訓練一種生活方式，而非單純將信息從一個人的頭腦中灌輸到另一個人身上。[11] 祂從事的教導工作更多是在為新的生活方式塑造新的人。

祂的全副精力都集中在那些被揀選改變這個世界的人身上，而不在乎採用的計畫或依靠群眾力量，這才是祂一直使用的方法。這也是為何耶穌向祂的門徒發出挑戰：「要收的莊稼多，作工的人少。所以，你們當求莊稼的主打發工人出去收他的莊稼。」（路加福音 10：2）

耶穌的本意是說，我們需要解決一個數學問題。現在需要更多的工人 ── 更多的門徒 ── 出去收割莊稼，所以我們要去，使萬民成為門徒。我們的角色是要為收割祈禱，特別是為收割者祈禱。上帝的角色是將那些即將成為新收割者的人賜給我們。

對門徒的訓練是基本且重要的，就連耶穌也花了整整三年半的時間全職訓練門徒。事實上，如果祂沒有這麼做，那麼教會今天就不會存在。那麼如果我們沒有興起新一代的領袖，那麼未來教會將無法立足。

新約時期的教會追隨著耶穌的腳蹤。不僅每日有新的信徒因教會裡滿有聖靈的見證和講道而接受洗禮，使徒們也有意識地培養新一代的領袖。使徒行傳第 6 章表明，那時門徒們揀選並呼召眾門徒協助他們，在教會及世俗的事上分擔事工。過不多久，他們便開始理解、實踐並宣揚信徒皆祭司的觀念。彼得說：「惟有你們是被揀選的族類，是有君尊的祭司，是聖潔的國度，是屬上帝的子民，要叫你們宣揚那召你們出黑暗入奇妙光明者的美德。」（彼得前書 2：9）每個人都被視為上帝的門徒，都有各自的服事工作。我們要再一次牢記，在這裡所探討的事工，都可以由追求在基督裡成長，並且服事他人的信徒來擔任。

保羅有收徒弟的習慣。早期的時候他與巴拿巴同行，我們可以看出那時他在教導被稱為馬可的約翰，但最有力的例證當屬提摩太。保羅用他一生的時間來訓練、裝備、激勵、鼓舞這位年輕的牧者。有趣的是，保羅也督促提摩太要效法他的榜樣訓練其他人。在提摩太後書 2：2 他寫道，「你在許多見證人面前聽見我所教訓的，也要交託那忠心能教導別人的人。」

　　人們經常會提一個問題：「在教會中怎樣才能做到慧眼識新領袖呢？」我的答案是，要為此祈禱，並宣告這是上帝的應許。在聖經中最容易被人忽略的經文之一就是馬太福音 9：35 － 38 中關於領袖的應許：「耶穌走遍各城各鄉，在會堂裡教訓人，宣講天國的福音，又醫治各樣的病症。他看見許多的人，就憐憫他們；因為他們困苦流離，如同羊沒有牧人一般。於是對門徒說：『要收的莊稼多，做工的人少。所以，你們當求莊稼的主打發工人出去收他的莊稼。』」

　　基督揀選領袖的方法就是禱告。我們身邊總有失喪的人，需要幫助的人，受痛苦的人，忍受疾病折磨的人，但卻鮮少有人想辦法接近他們。我們需要為此獻上禱告，上帝會將合祂心意的人差派給我們，以應付不同的人群和需要。在教會中發掘領袖的傳統做法是選擇願意去做，或是毛遂自薦，或是可以被說服來做這項工作的人。但上帝希望我們禱告，這樣，祂自己將會引導我們看到祂的選擇，就是那被聖靈充滿，智慧充足，受人愛戴之人。上帝所揀選之人將會帶著屬天的熱忱服事他人，並且他們蒙召所要做的事工，上帝會親自放在他們心中。

　　耶穌在揀選門徒上為我們做出了榜樣。事前祂花了整夜的時間禱告，因此天父便將合適的人選領到祂面前。

「那時，耶穌出去，上山禱告，整夜禱告上帝；到了天亮，叫他的門徒來，就從他們中間挑選十二個人，稱他們為使徒。這十二個人有西門（耶穌又給他起名叫彼得），還有他兄弟安得烈，又有雅各和約翰，腓力和巴多羅買，馬太和多馬，亞勒腓的兒子雅各和奮銳黨的西門，雅各的兒子（或作：兄弟）猶大，和賣主的加略人猶大。」（路加福音 6：12 － 16）

我曾經牧養過一個迫切需要年輕牧師的教會。於是信徒代表們派我到區會，曉之以理、動之以情，希望能說服他們差派一名年輕牧師給我們。但由於資金匱乏，區會沒有答應我們的請求。幾天後，正當我在台上做服事之時，偶爾讀到馬太福音第 9 章，生平第一次被這段經文打動：原來在教會中尋找新的領袖關乎誠摯的祈禱，並且向上帝懇求。於是我開始為此禱告，並發動教會的人也來祈禱，並宣告這是在馬太福音中的應許。大約四個月後，我接到了我們派出的一位神學生的電話，他一直就讀於瓦拉瓦拉大學，正預備在教會服事，他請我在週末時會面。

隔週日我們在一家餐廳碰面，愉快進餐後，他告訴我，他一直在認真考慮想要返回家鄉，用一年的時間在教會建立青年事工。結果，他在家鄉花了兩年的時間，發展了令人讚歎的青年事工，並且確保即使他離開後，也有足夠強有力的領袖來接棒。這次的經歷讓我清楚地看到上帝的應許確實有效。

　　這次的經驗影響力巨大，甚至重塑了我們在教會中服事的方式。討論事工分派的會議變成了禱告的聚會，堂董會則成了禱告並尋求上帝指引、屬天智慧及領袖人員的機會。

　　我經常會被問到的另一個問題，是關於在教會中培養人才的最好方法。我的回答是「邊做邊學」。牧師應營造集裝備、培訓、激勵和責任於一體的氛圍。每一位領袖都應該致力於培養一位新領袖的工作。扶植新一代的領袖履行了耶穌發出的有關裝備新的信徒，使其有效參與事工及福音傳播的事業的使命。

　　另外，若是教會並未有意識地培養新一代的領袖，那麼參赴聚會的人數也不會有所增長，也許在教會名冊上的確有更多的名字，可是實際的聚會人數不會增加。有效的領導者可以滿足他人的需要，正是他們將人們帶進教堂，服事他們，吸引他們留在教會。

　　當我學到這些道理的時候，便著手創建一套新機制，以求不斷培養新的領袖。我們的每一位領袖，不論從事何種事工，都應該在其所服務的領域內，培訓、指導、激勵另一個人來從事這項工作。

　　為了引導、貫徹這一信念，我祈禱上帝為我預備一位適合訓練的人。主使我想起了一個人——約翰。於是我聯繫他，並與他分享上帝要我預備新領袖的異象。他也告訴我他一直在禱告，希望有人

能在靈性和教會事工上作他的導師。於是我們相約每星期一傍晚 6
點到 9 點一起研讀聖經，因為這是他最喜愛做的事。在開車的時候
我就與他分享上帝放在我心中的負擔。我們每逢週一都用三四個小
時在一起禱告、讀經。我特別向他強調，他也需要仿照我輔導他的
方式，找一個人來進行輔導，這一點非常重要。

過了大概三個月，我感覺他已經做好準備可以獨立接棒了。於
是我請他去輔導泰德，而我輔導葛倫。葛倫對於探訪工作更感興趣，
所以每週一我們就去醫院、養老院，並去拜訪那些臥病在床的人。

七年半後，我們的隊伍已經壯大到 57 個小組，每晚都出去做
各種服事的工作。多年來我們訓練了大概超過 150 組人，雖然不是
所有的小組都能持續作工，但我們仍要讚美主，因為今天我們週間
的每個晚上都有上百人投身各項服事工作——這些事絕非憑一人之
力可以完成。不僅如此，我們還實現了新約聖經中要培養、裝備新
一代領袖的使命。每一位教會成員都應該在努力成為門徒的同時也
在培訓門徒。在上帝恩典的幫助下，每一個人都能夠達成我們在本
章中所提出的所有要求，切莫將這工作推給牧師來完成。

在你的教會中推行這一方法，會眾一定會在愛和彼此服事中成
長。你的教會也會因上帝的恩典在人數上大大增長。

　　耶穌在世上最後做的事——過一種服務與犧牲的人生。基督的生命突顯了兩大真理：

　　1. 祂是僕人式領袖。任何對於基督徒領袖的研究若是忽略了基督僕人式的犧牲生活，就算不得是全面的。最重要的是要在起初就認識到，基督的自我宣告就是僕人式領袖這一概念的縮影：「人子來，並不是要受人的服事，乃是要服事人。」（馬可福音 10：45）「我在你們中間，如同服事人的。」（路加福音 22：27）宇宙之王到來並非是為了自我榮耀，自我滿足，亦或是為權力或掌控。相反的，祂的動機乃是出於服務與牧養。

　　2. 耶穌獻出祂的生命作為活祭。聖經上說：「上帝愛世人，甚至將祂的獨生子賜給他們，叫一切信祂的，不至滅亡，反得永生。」（約翰福音 3：16）為了拯救我們，耶穌降世為人，忍受痛苦，最終死在十架上。從耶穌在客西馬尼園中的苦痛與在髑髏地的死亡中彰顯的無限的愛，為我們的罪付上了贖價。由此我們得以知曉，天父上帝既然願意付上重價，差派祂的愛子為我們死，那麼對於天父來說，我們是何等貴重。耶穌曾宣告：「人子來，為要尋找拯救失喪的人。」（路加福音 19：10）失喪的人在上帝眼中十分重要。因此，若我是個名副其實的牧師，是耶穌基督的門徒，那麼這些失喪的人對我來說也應同樣重要。牧師的職責（以及所有教會領袖）就是要將這一價值觀逐漸灌輸到會眾的心中。這樣看來，耶穌犧牲的生活

至少表現在兩個層面：一是奉獻的生活——奉獻時間、能力和生活。
二是為我們付出生命的奉獻——哪怕是在祂死去的那一刻。

上帝正呼召所有人要像耶穌那樣活出自己的一生。上帝要人從
事的牧養工作或其他任何事工都不是關乎我們，而是關乎祂自己，
目的是要認識、服事我們的主。

我們可以從使徒行傳 2：44 － 45 看到早期教會是如何身體力
行這一真理的。「信的人都在一處，凡物公用，並且賣了田產家業，
照各人所需用的分給各人。」他們既懂得了耶穌為其所做出的偉大
犧牲，因而也願意為他人做出犧牲奉獻。

作為牧師，我一直堅守的一件事，就是要身先士卒。任何我不願意做的事，或是類似的事情，我從來不要求信徒去做。當我們一馬當先去服事、傳福音、奉獻時，我們是為其他人樹立了榜樣。耶穌也是如此，祂不願去做的事，從不要求我們去做。

基督為了要拯救這個世界，將自己的生命獻上為祭。早期教會出於對上帝、對人的愛，奉獻出他們的生命和財產。上帝呼召我們也要這樣做。讓我們活在永恆之中，切莫眷戀塵世。若是牧師（和眾教會領袖）能夠成為犧牲奉獻的榜樣，那麼會眾也會跟隨他們這樣行。

保羅在哥林多後書 5：19 寫道，「這就是上帝在基督裡，叫世人與自己和好，不將他們的過犯歸到他們身上，並且將這和好的道理託付了我們。」換句話說，上帝差遣祂的獨生子來到世界，獻出生命，是要拯救我們脫離罪惡，重建我們與祂之間破碎的關係，並且祂將拯救與和好的信息託付給祂的眾門徒。因此，早期教會的使命和我們今天的使命，正是天父的使命和耶穌基督的使命：將這個瀕臨滅亡的世界帶回到上帝面前。但是要實現這一目標，我們必須與上帝緊密連結在一起，因為我們要靠著聖靈的大能傳揚福音，滿足人們的需求，使萬民作祂的門徒，要為這一事業奉獻我們的一生。

結語

我們探討關於屬靈領袖的諸多原則自然適用於專業的牧者，但對於所有受託擔任屬靈領袖的人也同樣適用。也許你還從事著別的工作，但如果你參與這個國度的工作，耶穌也就成了你的榜樣。對於所有牧養、協調婦女事工、監督本地安息日學工作、擔任長老、參與探訪、帶領細胞小組或從事其他任何事工的人來說，都可以在主耶穌基督身上找到領袖的榜樣。

作為我們理想的牧者，祂親自向我們展示如何作好屬靈領袖。首先，我們要藉著禱告以及和天父之間的密切聯絡，來加深我們與父之間的情感。接著我們就能傳揚天國的福音，培養領袖去照顧群羊的需要。教會中真正的領袖是僕人式的領袖。耶穌來，是要服事人，而非受人的服事——要獻上祂的生命為祭。祂如今也呼召我們這樣做。

附註：
1. 最近我去安得烈大學圖書館，找到了超過四十本有關牧師角色的書。
2. 葛列格・奧登，《未竟之業》（密歇根州急流城：宗德文出版社，2003），第 11－15 頁。
3. 懷愛倫，《喜樂的泉源》（加州山景城：太平洋出版社，1956），原文第 94 頁。
4. 同上，原文 70 頁。
5. 陶恕，《不可思議的基督徒》，（賓夕法尼亞州哈里斯堡：基督教刊物，1986），第 46 頁。
6. 懷愛倫，《服務真詮》（加州山景城：太平洋出版社，1905），原文第 143 頁。
7. 懷愛倫，《歷代願望》，原文第 152 頁。
8. 菲力浦・薩曼，《基督接觸人的方式》（馬里蘭州哈格斯頓：評論與通訊出版社，1990），第 33－40 頁。

9.　懷愛倫，《歷代願望》，原文第 152 頁。

10.　羅伯特‧科爾曼，《佈道大計》（新澤西州老塔潘：頂尖書局，1963），第 21 頁。

11.　約翰‧W‧弗萊，《牧者耶穌：在基督的品格與大能中引領人》（密歇根州急流城：宗德文出版社，2000），第 115 － 116 頁。

牧養事工之精髓

我們發現馬可福音 3:13 − 15 的敍述中深藏著牧養事工的精髓。「耶穌上了山，隨自己的意思叫人來；他們便來到祂那裡。祂就設立十二個人，要他們常和自己同在，也要差他們去傳道，並給他們權柄趕鬼」。

1. 耶穌呼召我們與祂攜手。 事工的開始並不在乎人；一項事工想要有效且長遠，有上帝的同在才是最大關鍵。數年前，美國富勒神學院就牧師的靈修生活作了一項研究，發現美國牧者平均每天花在祈禱的時間是 5 到 7 分鐘，工作卓有成效的牧師每天至少有 1 小時在祈禱。上帝要我們將一生全然投注在祂身上，與祂同行，與祂交流，完全倚靠聖靈和上帝的大能來服事、傳福音。

2. 祂差遣我們出去宣揚福音、醫治疾病，讓世界變得不一樣。 我現在明白，若想要人們對失喪者充滿悲憫之心，那麼活出一種基督所看重的、真正的基督徒生活便是先決條件。有效的牧養事工不是倚仗人多力量大，而是來自與天父獨處的時光。我們花越多時間與上帝親近，我們的生活就會越成功。許多牧師在靈性上停滯不前，是因他們花了太多時間去做各種服事，卻忘記讓上帝來完成祂的

事奉。願聖靈的同在與恩膏充滿你的心，那麼你手所做的也會彰顯從天而來的印記。

3. 我們無論做任何事，都要藉由聖靈的力量。若你想要在生活、事奉中都充滿聖靈的力量，就要在凡事上與天父相聯合。所有事工成功的祕訣都在於我們在暗室中熱切的祈禱。我們可以做的不僅僅是祈禱——但祈禱是先決條件。倘若我們從未禱告，那麼一切所做的也不及祈禱來得有效。

懷愛倫曾措辭強烈地指出：「為何我們的傳教士所達成之工如此微小，其原因是他們並未與上帝同行。他們大多與上帝之間差了一日的路程。」* 她並沒有說我們的牧師之所以沒有效率是因為沒有足夠的神學知識，或是沒有掌握有關教會增長的策略，亦或是他們作傳道人或牧師的工作上仍有進步的空間；她認為其原因在於他們沒有與上帝同行。上帝與他們當中大多數人相距甚遠，有一日的路程。

幾個月前一位朋友對我這樣說：「喬，我曾經一直努力想要知道為什麼彼得一次佈道就可以使三千人歸主。最近上帝才告訴我為什麼。這就是依靠上帝和依靠自己的力量來事奉的差別。」因此，我祈願所有人都要依靠上帝的大能與果效服事他人、傳播福音。

　　當牧者以耶穌為榜樣，過禱告的生活，注重門徒訓練和靈性生活時，上帝將會使用他（她）將教會變成靈魂痛悔之人的聖所。耶穌曾宣告：「我的殿必稱為禱告的殿。」（馬太福音 21：13）祂並沒有說祂的教會將成為歌頌的地方，傳揚福音的地方或服事的地方，雖然這些都很重要。相反的，從本質上說，教會是引導人們經歷上帝同在，從祂得到力量的地方。遺憾的是，太多的學者用他們的計畫或想法生生地將教會變成了人的機構而非基督的身體。當我們過著與天父緊密連結的生活時，教會就會變成禱告的殿，榮耀的殿，上帝時刻臨格的殿。耶穌對上帝同在的渴求也應成為我們的動力，激勵我們越來越像祂。

*懷愛倫，《教會證言》（加州山景城：太平洋出版社，1948），第一卷，434 頁。

第4章

作扶持領袖的人：
裝備激勵平信徒
為上帝成就偉大的事

Be a Leader Maker:
Equipping and Motivating the Laity
to Do Great Things for God

教會是如何增長的？

　　一間增長的教會絕不會是一人努力的結果。教會的增長並不取決於牧師做了什麼——而在於教會成員做了什麼。若是沒有信徒與他人分享信仰，在世界上為人服務，教會幾乎沒有任何機會得以蓬勃發展。在我們針對發展速度最快的復臨教會會眾進行的研究中，可以清晰地看出這些教會將大量的時間、資源、金錢花在了培訓、裝備教會成員身上。從採訪中我們發現，普通教會的牧師一週會花2小時來培訓信徒，而快速增長的教會的牧師每週會花 10～15 小時來裝備平信徒，使他們能高效率、高效益、且熟練的進行服事工

作。此外，這些茁壯發展的復臨教會領袖，尤其注意培養他人從事各樣具體的事工。這樣的教會既有專注培訓的領袖，也有渴望學習如何服事及傳福音的信徒。無論你是牧師、領袖，或是平信徒，應確保你的教會盡一切所能營造裝備和訓練的氛圍。

我們也發現，一般的教會若不是完全沒有任何預算、否則就是只有少部分的預算用來做培訓的工作。然而，成功的教會在培訓工作上的花費甚至會達到預算的十分之一。說起培訓，顯然帶領這項工作的人必定是教會的牧師或主要領袖。成功的牧師會將他們三分之一的時間用在預備會眾進行服事及傳福音的工作上面。他們透過不斷的祈禱和培養新的領袖，在教會中成立體系來促進裝備和訓練的工作。他們盡力確保這些同工是裝備完全，卓越有成效的。因為他們不將他人視作競爭對手，而是合作夥伴，不斷地扶持新的領袖，在服事的道路上互相分擔。這樣的牧師明白如何把握時機，在變革及領導力發展方面占盡先機。

因此，他們遵循著保羅對年輕的牧者提摩太的教誨：「你在許多見證人面前聽見我所教訓的，也要交託那忠心能教導別人的人。」（提摩太後書2：2）不幸的是，許多教會聘請了專業的牧者，卻把自己服事的職能剝奪得所剩無幾。大多數的基督徒被填飽了各樣宗教知識，卻不能付諸實踐，這就難怪多數的教會只能維持現狀或呈下降趨勢。一位接受採訪的牧師告訴我：「只有當我把事工託付我

的教會，而我的教會將領導權交託給我的時候，教會才開始發展。」

聖經中有關訓練的教訓：專注靈性

讓我們從耶穌基督的生平來探究訓練與裝備的含義。耶穌是教會領袖的終極塑造者，如果祂當初沒有訓練門徒繼承衣缽，那麼今天的教會也就不存在了。祂訓練門徒、培養領袖的方法，其重點並不在於人需要做什麼，而在他們藉著上帝改變人心的大能和聖靈的同在活出的生命樣式。我們通常急於獲得立竿見影的效果，於是專注於結果、技巧和策略。而耶穌的焦點始終在於人的本身，因為祂知道，如果祂能幫助人成為上帝心目中的樣子，那麼他們就會參與祂在地上的工作。因此耶穌花了大量的時間訓練其追隨者作祂的門徒，使他們靈性增長，品格與價值觀得以塑造，並像耶穌愛他們那般彼此相愛。

基督知道，若祂能夠塑造出一個更好的人，一個時刻與上帝同行，榮耀、完全、滿有吸引力的人，那麼他必定是一個願意接受訓練，被塑造去服事及傳福音的人。這樣的人之所以希望服事他人，是因為他們嘗過上帝的良善。因此基督在祂的門徒身上花費心力，挑戰他們的靈性，敦促他們與上帝和他人聯合。獻身之人的服事是出於愛，靈性健壯的人服事帶有能力，聖靈充滿的基督徒之服事則大有果效，滿有榮耀。

我們渴望接受訓練的核心動機，是我們對上帝的敬拜和對他人的愛。事實上，這就是教會增長的核心與精髓。我永遠不會忘記彼得‧瓦格納（Peter Wagner）在他的研討會上說過的話，他是教會增長領域最高的權威之一。他說我們可以用耶穌的一句話來總結教會增長的精髓所在，「你要盡心、盡性、盡力、盡意愛主你的上帝；又要愛鄰舍如同自己。」

雖然這個世界所關注的是人可以實現及得到什麼，而上帝卻關心人可以成為什麼樣的人。耶穌在培訓門徒上所作出的榜樣，要求我們做到這些事：將我們的生命傾注在他人身上，與他們建立關係，關心、鼓勵、挑戰他們。

耶穌透過教導、榜樣、挑戰和責任來裝備祂的門徒，為服事與傳福音做好準備。祂不僅僅教導他們事工——同時也身體力行，言傳身教，然後告訴他們：「你們去照這樣行，然後回來向我彙報。」每一個教會的核心領導層必須仔細分析他們的教會成員，以便發現領袖及潛在的領袖。[1] 訓練應該包含祈禱、教導新的理念和技巧，彙報和擔當的能力（馬可福音 6：7 － 13，30）。

裝備信徒時最重要的規則

談到裝備和訓練的工作時，絕不應該由一個人單獨來完成。當

然，或許一個人去醫院拜訪會方便得多，或許一個人教導安息日學課或是單獨帶領查經課也能有成效，但聖經並未教導我們這樣做。更有效的方法是帶上其他人去醫院探訪，並示範如何來做這項服事的工作。教導他人如何帶領查經課，如何引人歸基督，這是符合聖經教訓的。耶穌甚至說，為領袖和收割者祈禱甚至比為莊稼豐收祈禱來得更重要。

「耶穌走遍各城各鄉，在會堂裡教訓人，宣講天國的福音，又醫治各樣的病症。祂看見許多的人，就憐憫他們；因為他們困苦流離，如同羊沒有牧人一般。於是對門徒說：『要收的莊稼多，做工的人少。所以，你們當求莊稼的主打發工人出去收他的莊稼。』」（馬太福音 9：35 － 38）

每一位領袖都應該祈求上帝要興起另一位領袖，來從事他們自己的服事工作。正如上文所提到的，保羅在提到榜樣的傳承時，說「你在許多見證人面前聽見我所教訓的，也要交託那忠心能教導別人的人。」（提摩太後書 2：2）

請注意這一連串相關事件，每一位領袖都必須訓練另一位領袖，另一位領袖也要再訓練一位，如此反覆循環直到耶穌復臨。我們的救主預備了十二位門徒，又設立了七十個人。這十二人和七十人又培育出下一代教會領袖，一代代人如此行，直至今日。

懷愛倫對訓練的教導

懷愛倫看到了建造新領袖的價值和重要性，並且多次強調這一觀念。「傳道人不應從事於那屬於當地教會的工作，以免心力交瘁，阻擋別人去盡其責任。他們應當教導教友怎樣在教會及在社區間作工。」[2]

她甚至指出，牧師花在訓練上的時間應比傳道的時間更多。這意味著培訓的工作可能比傳道或教導來得更為重要。當然，懷愛倫看到傳道的重要性，但是單憑傳道不足以完成大使命，不足以使教會增長。若要對懷愛倫眼中的牧師形象加以定義，很可能是指一位傳揚福音、並訓練人與他人分享信仰的人。

「每一個教會都應該成為基督之工人的訓練學校……在教授方面，除了用口講授，還應該使教友們跟著有高深經驗的指導者出去實地工作。做教員的人，須親自率領著學員去到民眾中間服務，使學員與他聯絡同工，好學他的榜樣。一個切實的榜樣，比許多口頭的教訓更有價值。」[3]

懷愛倫還強調，牧師應該首先訓練信徒去傳福音，這樣整個教會才會一起投身於服事的工作。

「傳道人若在已有一些教友作為媒介之處作工，就當先訓練這些教友，使他們可與自己適當地合作，然後再多用功夫去使不信的人悔改歸主。他應當為這些教友個別地作工，盡力激勵他們尋求更深的經驗，勉勵他們為別人工作。及至他們受過訓練，能用祈禱及工作來支持傳道人時，傳道人的工作就必有更大的成功了。」[4]

我們所做的研究結果清楚地顯明了這一點。若是沒有培養新的領袖，教會的增長僅局限在名冊上，赴會的人數也不會有顯著的增加。我們看到，在裝備教友傳福音、服事他人和帶領新人進教會這些層面，與幫助他們在主裡成長、對傳福音積極熱忱之間有著緊密的聯繫。

在訓練過程中，教會也應該密切注意每位信徒的屬靈恩賜。懷愛倫告誡教會要確保每個人在他們的服事中找到自己正確的位置，正如上帝從前創造他們一樣。「讓上帝的手，為祂自己的用途撥弄泥土吧！祂知道祂需要的是哪一種樣子的器皿。祂為每一個人安排了工作。上帝知道什麼位置，什麼人最適當。有許多人不照上帝的意志去工作，便是糟蹋了整塊泥土。」[5]

訓練個人與教會增長的重要性

我在講座中介紹訓練的重要性時，會向觀眾展示以下的案例研

究。我首先問他們，如果一個教會在某年的聚會人數是 100 人，同年，我們又有 100 人加入這個教會，那麼在這一年結束的時候，聚會人數會達到多少？然後我接著問，還是同一個教會，我們假設在這一年中沒有人加入，那麼到了年末的時候，聚會人數又會是多少呢？針對第一種情況，人們告訴我到年底的時候，聚會人數將會達到 150、200，甚至 250 人，因為有一些人會把家人也帶到教會，這樣赴會人數將會高於 200。針對第二種情況，有些人認為是 100 或 80 人。

那麼，正確的答案是多少呢？根據我們對復臨教會所做的研究結果，人們針對第二種情況所給出的答案是正確的，在年底聚會的人數大約在 75 － 80 人。原因何在？因為每年都會有一些教友去世，有些人會因各種原因離開當地，還有人會變得不那麼活躍。另外，這一年中由於沒有發生什麼事，於是一種萎靡不振、消極的情緒將會籠罩著整個教會，以至於即便維持現有的教友人數都很困難。那麼第一種情況又是如何呢？我們的研究表明，一個擁有 100 名信徒的教會在增加了 100 名教友的情況下，若沒有做到下列事情，那麼到了年底，聚會人數仍舊會維持在 100 人左右：

① 提高事工的基礎

② 擴大領袖的基數

③ 關注家庭

④ 有鼓舞人心、充滿活力的崇拜聚會

⑤ 提高靈性水準

⑥ 讓人看見希望

　　每個教會的增長都與它能否有效地滿足人們對於門徒訓練及事工的需求息息相關。這很容易理解，如果你想要吸引有小孩子的家庭來教會，最好是開設專門針對兒童的事工。若是你想要人們在教會裡待得住，就要有門徒訓練的事工。

　　本章中我們將會探討如何提高事工的基礎。

訓練的重要性和緊迫性：案例研究

　　假設有一位名叫蜜雪兒的女士，優雅美麗且充滿活力（我以女士為例，是因為我們的研究表明，女性從事輔導事工的人數要高於男性數倍）。蜜雪兒愛上帝、愛人，也愛她的教會。她的服事對象大概有三、四個家庭。她這樣做不論是有意為之亦或直覺使然並不重要，重要的是她確實這樣做了。一週之內，她將去探訪沒有赴會的第一個家庭，與第二個家庭進行查經學習，還要和第三個家庭在聚會時間以外，一起參與許多社交活動。此外，她還訓練第四個家庭參與事工。如果她所關懷的家庭沒有來教會做禮拜，她會打電話問候，如果他們中間有任何人需要幫助或遇到麻煩，她都會竭力協助他們。

現在，讓我們假設她的教會非常活躍，一年下來新增加了 20 個家庭。教會的牧師知道，若沒有人對這些家庭加以培訓，他們就會漸漸遠離教會。但是他沒有足夠的領袖或傳道人來做這件事，於是他找到蜜雪兒，對她說：「門徒訓練事工做得最好的人非你莫屬了——沒人能做得和你一樣棒。你知道，今年主大大祝福我們的教會，祂加添了 20 個家庭給我們，但你也明白，若是不能教導他們如何作門徒，我們就只能眼睜睜看他們離開。」接著他建議：「不知你可否再多關懷三、四個家庭？」蜜雪兒可以接受，也可以拒絕。她也許會答應，可是由於有限的時間和資源，她最終可能只能關懷好四個家庭，因為這已經是極限了。她應該擔起這個超出她能力所及的重擔嗎？她也許因此變得憤怒、煩惱、過度勞累甚至變得憤怒。蜜雪兒所應該做的是要培養其他領袖來從事她現在所做的事工，這也是我們每一個人當前應該在教會中做的事。

每個教會的增長都與其事工數量成正比。開展的事工越多，就越有增長的可能性，但所有的事工都倚賴上帝所啟示的領袖。教會中的每一位傳道人或領袖都應祈禱，並力圖成為其他人的榜樣。若領導的基數不擴大，事工的基礎也無法增長。領袖們的一個重要任務就是不斷將自己的經驗複製，並且確保每個人都能在他們所做的事上取得成功。[6] 約翰‧麥斯韋爾將努力建造他人事工的人，和為他們自己的事工培養信徒的人做了對比。[7]

培養信徒的領袖們	培養領袖的領袖們
• 需要被別人需要	• 想要獲取成功
• 關注缺點	• 關注優勢
• 集中權力	• 權力下放
• 花費時間在他人身上	• 投入時間在他人身上
• 透過增加，實現增長	• 成倍數增長
• 只能影響親自接觸的人	• 影響遠超過所觸及的範圍

對領導力的需求

　　「是先有雞還是先有蛋？」這是個爭辯已久的老問題，但談到是先有事工還是先有領導，答案便呼之欲出了。毫無疑問，一定是先有領導。若是離了堅強忠誠的領袖，事工的開展從何談起。教會本可推展數以百計的事工，卻由於缺乏領袖和資源而成為泡影。上帝在每一位領袖心中都產生一種特定的事工或領導力，催促其履行。當上帝將它放在人心中時，祂同樣也會賜給人做這件事的熱忱、渴望和技巧，並在整個過程中提供各樣資源。

裝備平信徒的二十道秘訣

無論是教會的牧師或領袖，以下所列舉的一些切實可行的方法會對你有益，可用於訓練信徒進行有效的事工和傳福音的工作。

1. 幫助你的會眾愛上帝，且彼此相愛。人們對上帝的愛越深，就越想要參與各樣事工，並且越願意去服事他人。本質上說，就是要確保人們對上帝、對他人懷有真心。

2. 時常鼓勵人。我經常會遇到心灰意冷的人，因為沒有人肯定他們的工作。有一次我遇到一位女士，她帶領兒童事工已有二十年。她對我說：「做兒童的工作有時真的特別困難。我時常希望有人能夠來到我身邊，為我所做的一切感謝我，或是盡可能地幫助我。」作為一名牧師，為了養成作會眾的啦啦隊長的習慣，每週至少花 2 小時給信徒打電話，就是為了鼓勵他們。數年來，我給教會中的每個人都寫了鼓勵卡。當教會裡的少年人參與事工或是做了好事，我甚至會買速食店的禮卷給他們以示鼓勵（我在教會的青少年中可是非常受歡迎的呢！）。

3. 讓他們知道自己的工作有不平凡的意義。每個人都想要肯定他們所做的事會對世界有所改變。提醒他們，事工的目的就是在於改變生命，幫助人群，引導他們來就耶穌。

4. **確保在小組中的每位信徒都擔任適當的職分。**每年至少召開四次屬靈恩賜座談會，接著以訓練講座的方式進行跟進，指導他們如何有效、充滿喜樂與滿足地參與事工。要創造出雙贏的氛圍，確保他們可以獲得成功，沒有什麼體驗能比與耶穌並肩作戰更讓人快樂了。如果人們能在他們所做的事上取得成功，那麼他們將會願意做更多的事工，並積極傳揚福音。

5. **他們必須對上帝與事工有足夠的瞭解。**這就是門徒訓練和培訓的目的。許多教會僅僅靠假設，認為信徒會自我成長且發展技能。這說明意向才是問題關鍵所在。

6. 給予他們挑戰，為上帝成就偉大的事。 如果能瞭解他們所做的事有永恆的價值，許多人將會奮勇前進。事工並不只是做一些事情——它的目的在於改變世界，帶給人希望、愛和永恆。

7. 發現具有領袖潛質的人予以培養，使其在服事中發揮作用。 作為一名牧師，我已經習慣於不斷發掘、培養及扶持新一代領袖。

8. 期待他們成就偉大的事情。 許多教會都會犯這樣的錯誤，當他們啟用某人進行服事時，並沒有對他們抱有多大的希望，結果，所得到的結果也正如他們預料。當教會邀請某人擔任長老的職位時，他會問：「我需要做什麼呢？」答案往往是「需要做的不多」，因此，教會所得到的回報也確實「不多」。教會應該告訴人們，要引導別人得救到底需要做些什麼，並且期望他們照著去做。我發現如果你真的期望人們去成就偉大的事情，他們——在上帝的幫助下——最終都能夠達成所願。

9. 不斷賦予他們責任。 當耶穌差派祂的門徒去傳福音時，祂要求他們回來向祂報告（參閱馬可福音 6：30）。責任對於靈性的增長與激勵和技能的提高至關重要。要經常與你的領袖會面，尤其是在安息日的早晨，因為那時他們都會出現，並且不會耽誤太長時間。

10. 持續性地提供有意義的培訓。盡可能善加利用安息日早晨的時間。培訓應不斷以講座並實踐的形式舉行。一個教會應將十分之一的預算用於培訓，邀請主講嘉賓，購買 DVD 和書籍等資料，差派領袖參與各種培訓活動。

11. 與你的會眾建立關係。這種關係越健康，他們就越願意參與各項事工。愛人並幫助他們彼此相愛，充滿恩典與接納的環境有助於人們的成長。要相信他們，他們所尋求的，必能實現。

12. 使人們看到需要，也看到結果。這個世界到處都是受傷和瀕死之人。我們所要做的正是重新建立希望和新的生活，給予他們第二次生存的機會。改變世界，傾注恩典、愛和樂觀的精神，這是多麼了不起的工作。要引導人們看出他們為永恆所做出的貢獻以及對這個世界產生的影響。

13. 將關係個人化。事工是針對我們的孩子和父母。它與我們的摯愛息息相關，說上帝為在非洲或中國的人們付上生命當然沒錯，但是說耶穌希望我的兒女能加入上帝的國度則更為有效，更能打動人。

14. 簡化流程。宣教與事奉要盡可能簡單。一位牧師曾告訴我這樣一個故事。在他的教會中有一位單親媽媽找他，詢問她能否開展一項針對單親媽媽的事工。「這是個好主意！」他回答，「讓我問問婦女事工負責人的意見。」負責人也認為這建議很不錯，不過她要先徵求委員會的同意。委員會首肯後，又認為需要撥一些預算，用於照顧孩童、購買書籍和一些特別安排，這需要得到財務委員會的批准。財務委員會也覺得這是絕佳的點子，只要堂董會對此沒有意見，他們就可以決議通過預算。堂董會雖全票通過支持這一請求，但他們提出馬上就要召開事工組會議了，應該在事工組會議上提出這一建議，讓每一個人都能對此有所瞭解，並且來支持這一新的事工。結果不出所料，在事工組會議上，每個人都對這一新的事工讚不絕口，躍躍欲試想要參與其中。然而，出現了一個小問題。那位提出這項建議的女士對這冗長繁雜的過程早已失去耐性，於是她加入了另一所教會，並且已經開始了對單親媽媽的服事工作。從她最初提出開展這一事工的請求，到最後獲批准已經耗時整整八個月的時間。要使人們投身事奉的過程變得盡可能簡便，要讓他們知道你始終在他們背後竭盡全力予以幫助。

15. **建立裝備信徒的組織架構。**它能引導人們去為事工的發展預備他人，同時在教會中激發出更加濃厚的傳教熱忱。[8] 讓每一個人都能訓練他人來參與他們的事奉工作。

16. **使他們明白，事奉是上帝給予每一位信徒的禮物，而且它無處不在**——在家中、公司、教會等等。

17. **定期與你的領袖階層見面**——去家中拜訪，在工作的地方，在教會與他們見面，不斷與他們分享異象，並將其銘刻在他們心中。通過教導、訓練和指導來裝備他們。要在事奉上親力親為，作他們的榜樣，並且不斷地提醒他們上帝呼召他們是要改變這個世界，並且引領其他人來就上帝。

18. 為新的領袖禱告。宣告在馬太福音 9：35 — 37 的應許。

19. 向他們展示事工的價值。無論你要求他們做什麼,你也必須樂意去做。

20. 為教會的里程碑獻上讚美。每年都要用幾個安息日的時間來感謝上帝在你教會中的作為。要為在你的會眾中發生的浸禮、婚禮、獻嬰禮、兒童事工、建設項目、債務償還和任何美好的事務獻上讚美。在年終的時候,要為上帝所成就的一切舉行盛大的慶典,並讓會眾明瞭在新的一年上帝將成就的異象。

如何激勵會眾？

　　什麼事能使人受到激勵？有四件事尤其能發揮作用。第一件事是對失落的恐懼。當他們得知自己將會失去工作，或是生命受到死亡和疾病的威脅時，就會願意改變。一些人則會被獎賞的希望影響，比如更高的薪水，更好的工作或生活。然而有一些人會受到關係的影響，例如當他們與尊重的人一起時，便會樂意順服。[9] 最後的終極動力是我們與上帝之間的關係，我們對祂的愛。那些愛上帝的人早已前往各處向世人講述祂的愛。愛上帝的人會為祂的事業獻出自己的時間、財產、資源、金錢甚至自己的生命。因此，正如本章之前所描述的，我們需要將重點放在培靈上，教會要在信徒靈性發展上多下功夫。

培訓活動的十二準則

　　每個教會都必須有一套培訓體系，要打造新一代的幹事，領袖和傳道人。以下是在我們研究的健康教會中，一些有效的實踐方法。

　　1. 針對教會的使命進行兩次系列證道（傳福音、見證、佈道等）。 在一月和二月舉行六到八次的系列證道，而在九月舉行三到五次（較短）的系列證道。要讓整個教會不斷重覆聽見，對於上帝來說，那些迷失的人們很重要，那麼對於我們來說也應該同等重要。

教會領袖必須不斷運用各種創意和新方法將異象銘刻在會眾心裡。關鍵是要有新意地反覆進行灌輸；利用見證、細胞小組、大型活動、證道、口號、歌曲、標語、簡報——任何你能想到的方式。「當人們使用各種不同媒介時——大型分組會議、備忘錄、報紙、海報、非正式一對一談話——視覺效果通常是最能夠達到有效溝通的。當同樣的信息以六種不同的管道呈現時，視覺效果通常更容易在理智和情感的層面上被人接受並銘記。」[10]

2. **利用安息日學的時間加強培訓，以跟進系列證道的內容**：利用三月到四月或十月到十一月（配合 1. 兩次所述系列證道）。我們發現大多數人們願意接受訓練，只是苦於沒有時間。因此，為了能利用時間至最大限度，我們可以用安息日學的時間來進行培訓。

3. **定期與所有領袖在教會會面（每週一次或每月一次）**，以作鼓勵、培訓、激勵、獲得新技能、策劃新活動之用。

4. **拜訪每一位教會領袖**，使他們注意到自己的角色在靈性方面的重要價值。每週每人在這件事上需要投入至少 3～5 小時。

5. **拜訪教會中每一部門的幹事／主任**。鼓勵並提醒他們如今擔負的職責事關重大。讓他們知道自己做的事工有著永恆的意義。這並不僅僅是在教會中從事一份工作，而是影響其他人永恆的命運。

6. 每週至少對兩位領袖進行門徒訓練。與他們外出聚餐或到他們工作的地方拜訪，並要提醒他們這也是他們事奉的禾場。要祈求，上帝就會引導你去關注這兩個人。

7. 邀請有培訓或激勵信徒的恩賜，並有豐富經驗的主講嘉賓來分享。

8. 將堂董會議變成異象時間。使每一次堂董會——也就是每一次堂董會或事工會議——都成為敬拜、祈禱、事奉、鼓勵和分享異象的時間。然後再進入其他事項的探討，使其與教會使命緊密相連。

9. 利用各種各樣的方式來傳達你的使命：佈道、見證、口號、使命宣言、會議、退修會等。

10. 一年中至少一次差派領袖們參加培訓活動。

11. 將十分之一的預算用於培訓專案上。比如用於差派人參加訓練，購買材料，邀請主講嘉賓。

12. 要不厭其煩地強調靈性。密切注意信徒們的靈命成長，盡你一切所能地去幫助他們靈性成熟，成為結果子的基督徒。

培訓的起點

1. **強調靈性**，人們會因為他們對上帝的愛與奉獻而自動自發做事奉的工作。

2. **要給予人們最好的崇拜體驗**，以激勵他們來實現其呼召，發揮其潛力。

3. **現在就開始**。不要等待！時間與機會正從你身邊溜走。

4. **在你所完成的基礎之上建造**。每週或每月多加一個人接受培訓，每兩到三週多增添一項事工。

5. **簡化組織結構，使人盡可能簡單地投身於各項事工**。如果他們必須在克服許多障礙，應對錯綜複雜的組織架構之後才能開始工作，那麼他們就無法在事奉上取得成功了。領袖的角色就是要作啦啦隊隊長，為人清除各種障礙，提供一切必要的資源，幫助他們做事奉的工作。不幸的是，許多教會將重重障礙擺在信徒面前，以至於他們無法實現服事上帝、榮耀上帝的目的。有效的教會會盡一切所能幫助信徒實現上帝的呼召。教會為他們提供機會、資源和培訓，這樣他們才能取得成功。

訓練就從今天開始，你的教會將有一個無比美好的明天。

如何訓練他人服事？

訓練他人最簡單的方式就是在實踐中言傳身教。以下是一種行之有效的模式。[11] 要將你的心意與熱情傾注在他們身上。向他們展示你正在做什麼，並解釋為何要這樣做，然後把工作交給他們，讓自己變成一位禱告夥伴和導師。最好的訓練通常是利用一連串的事工，引導人去訓練其他人。

我教導你	你學習
我做	你看
我做	你協助
你做	我協助
你做	我看
你教導	其他人學習

訓練模式

附註：

1. 參閱附錄一，「尋找具有領袖潛質的人」，對於發現潛在的領袖頗有幫助。
2. 《基督復臨安息日會外國佈道史略》（瑞士巴塞爾：Imprimerie Polyglotte, 1886），第291頁。
3. 懷愛倫，《服務真詮》，原文第149頁。
4. 懷愛倫，《傳道良助》（華盛頓：評論與通訊，1915），原文第196頁。
5. 懷愛倫，《高舉主耶穌》（馬里蘭州哈格斯頓：評論與通訊，1988），原文第65頁。
6. 埃爾默·L·唐斯和沃倫·博多，《迎向未來：將今日教會的走向轉為明日的機遇》（密歇根州急流城：F. H. Revell, 2000），第173頁。
7. 約翰·馬思威，《領導力21法則》（納什維爾：湯瑪斯·尼爾森，1998），第210頁。

8. 湯姆‧S‧萊納，《高效的佈道型教會：成功的教會教你祕訣》（納什維爾：Broadman & Holman 出版社，1996），第 30 頁。

9. 利斯‧安德森，《義工招募》，選自由詹姆斯‧D‧伯克利主編的《領袖管理行政手冊》（密歇根州急流城：貝克書屋，1994），第 280 － 281 頁。

10. 約翰‧P‧科特《引領變革》（麻塞諸塞州劍橋：哈佛商學院出版社，1996），第 93 頁。

11. 有許多作者構建出類似的模型，例如約翰‧C‧馬思威，《有感染力的領導力講習班》（納什維爾：湯瑪斯‧尼爾森，2006），第 116 頁。

第三部分

熱忱且真實
的靈性

Passionate and Authentic Spirituality

以靈性與復興為先

　　我確信靈性與復興是教會的主要工作。教會的重心應放在培養
全然忠誠的耶穌門徒上，使他們懷抱著為基督贏得世界的熱忱。教
會擁有最為重要的財富就是信眾。當他們靈性健壯，不斷成長，接
受訓練和裝備時，就會為上帝成就偉大的事情。他們將樂意為上帝
和祂的旨意獻上時間和生命。使徒行傳告訴我們，新約教會的信徒
正是出於對耶穌的愛以及福音工作的緊迫，便為上帝的事業奉獻自
己的時間、天賦、財產，甚至他們的性命。

今天人們仍舊為靈性得滿足而在教會中苦苦追尋。但若是他們遍尋不著，就會到別處去。一項蓋洛普民意調查顯示，越來越多的人正在教會之外獲得靈性上的體驗。詹姆斯‧魯茲在《開放的教會》一書中引用了其報告所述，「大量『未加入教會』的美國人認為在教會中並沒有足夠強調屬靈的經驗。」他接著說道，比起教徒，更多沒有加入教會的人反而經歷過突如其來的屬靈經驗。他們個個動力十足，卻無處可去。蓋洛普民調指出，沒有加入教會的人對於宗教機構的主要批判，在於「教會已經喪失了宗教信仰的屬靈部分」。大約有五分之一聲稱對教會不滿的非信徒對於以下聲明表示贊同：「我想要擁有更深刻的屬靈體驗，但我在教會或猶太教堂找不到。」[1]我們發現凡是健康成長的復臨教會，都會在教會與基督徒生活的各種層面強調靈性的重要。

謹記禱告

教會增長總是與禱告和聖靈的力量密不可分。在耶穌受難和犧牲之前，眾門徒否認祂、拋棄祂，最後逃之夭夭。他們是一群吃了敗仗的人，毫無目的和影響力，但當聖靈臨到他們身上，他們就足以將世界翻轉。這種改變正是由於聖靈臨格在他們中間，以及他們與耶穌的親密關係，並且透過禱告得以實現。懷愛倫明確指出復興與祈禱的關係。「我們只有藉著蒙應允的禱告，才能察覺復興的必要。」[2]

上帝的靈創造了這個世界；祂的靈使耶穌基督從死裡復活、使古代以色列人的枯骨重生、亦能使新以色列人的骸骨恢復生機。上帝專門成就偉大且不可能的事。早期教會的快速成長並不能歸功於各種節目或人的才幹，而是在於祈禱和聖靈。蘭迪・麥克斯韋爾在《若我的民祈禱》中寫道：「如今教會最大的虧欠在於能力……只有透過禱告才能釋放出服事的能力。」[3]

湯姆・萊納在《寄予厚望的教會》一書中表示，禱告的教會往往處於成長的態勢並且能夠留住較高比例的信徒。他寫道：「我們對在教會實行的崇拜節目、計畫、重點及方法寄予厚望。但最終我們才明白我們的力量並非來自本身，而是來自上帝。這就是為什麼我們最好的關懷事工就是禱告事奉。透過熱切的禱告，我們顯明自己是依靠上帝的。」[4]

本部分為三章。第一章〈以耶穌為中心的生活〉，講述了耶穌基督的門徒和理想教會的模樣。本章並非基於我們所做的研究，而是基於對使徒行傳的深入學習，尤其是使徒行傳 2：42 － 47。

第二章〈對上帝的同在滿懷熱情〉是一篇個人見證，說明禱告在我自己的生活和服事中顯出的能力。我最後牧養的一所教會，從原本只有 40 人最後增加到有 500 人參加聚會。我寫本章的目的，是要激勵我們的教會，要將更多的精力投入在禱告中，並且提出今天

教會最需要的並不是更多的計畫或策略，而是上帝的力量。

　　最後一章〈建立禱告的殿〉，記述了我們針對教會的禱告生活做的研究，並為如何使你的教會真正轉變為禱告的殿而出謀劃策。

附註：
1. 詹姆斯・H・魯茲，《開放的教會：如何恢復第一世紀教會令人奮興的生活》（奧本，緬因州：播種者出版社，1992），3頁。
2. 懷愛倫，《信息選粹》（華盛頓：評閱與通訊出版社，1958）第一輯，121頁。
3. 蘭迪・麥克斯韋爾，《若我的民祈禱》（博伊西，愛達荷州：太平洋出版社，1995）31頁。
4. 湯姆・S・萊納，《寄予厚望的教會》（納什維爾：Broadman & Holman 出版社，1999），174－175頁。

第**5**章

以耶穌為中心的生活
The Jesus-centered Life

我們所渴望的教會

你理想中的教會是什麼樣子？這是我在分享有關教會增長或靈性的講座上會提出的問題。人們通常會向我描繪出這樣一幅景象：一個充滿喜樂與合一、能力與恩典的教會，積極參與並融入社區，因彼此相愛、互相服事而倍感激勵──一個以上帝為首，向祂祈求，學習祂的話語，崇拜祂、讚美祂的教會。當我聽到這些，我知道他們所描繪的也正是我心所嚮往的教會。我們有可能隸屬於這樣的教會。它的確曾經存在，也可能再次出現。我們所需要的正是聖靈的第二次沛降。

「他們恆心遵守使徒的教訓，參加團契生活，擘餅，祈禱。使徒們行了許多神蹟奇事；人人都因此起了敬畏的心。信的人都在一處，凡物公用，並且賣了田產、家業，照各人所需用的分給各人。他們天天同心合意恆切的在殿裡，且在家中擘餅，存著歡喜、誠實的心用飯，讚美上帝，得眾民的喜愛。主將得救的人天天加給他們。」（使徒行傳 2：42 — 47）

難道你不喜愛這樣一個教會嗎？在世界各地有成千上萬的人向我描述了他們夢寐以求的教會，而他們所描繪出的幾乎與使徒行傳中的景象不謀而合，信眾聚居，過著充滿活力的信仰生活。上帝賦予我們對祂話語中所描繪的美好生活的盼望之心，這是全然投入於祂的榮耀，浸潤在喜樂、服事與權能中的生活。

使徒行傳第二章不僅攫住了我們的想像力，還巧妙地提到了實際應用的問題。我們看到這一章中描述了基督徒真正的委身：全心全意為上帝而活的決心，改變生命的走向，並通過屬靈操練獲得與上帝更為密切的關係。其中所描述的教會是上帝為我們量身打造的，是我們所切心盼望的，在這樣的教會中，我們可以成為上帝恩典的一部分。通過仔細觀察這個特殊的教會，我們至少能學到有關基督徒屬靈生活的五件事。我們先一一列出這五件事，再透過圖像闡釋，最後進行剖析和探討。

以耶穌為中心的生活

真正屬靈的基督徒與教會的生活是：

① 以耶穌為中心

② 蒙聖靈賦予權能

③ 由屬靈操練推動

④ 處於社區環境背景之中

⑤ 處於平衡的關係中

我們可以用一種模式來描述這樣的屬靈生活，我將其命名為以耶穌為中心的生活。

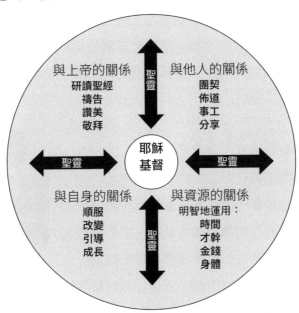

生命核心是耶穌基督

破碎或融合

我們多數人過的是一種支離破碎的生活。我們擁有教會、家庭和屬靈生活（如果有的話），但這三者之間似乎各不相干，或者僅有微弱的聯繫。除此之外，我們還要工作、娛樂，但我們並不知道這些事情如何才能變得屬靈。因此我們將自己的生活切割開來，看起來好像是一連串毫無關聯的活動：工作、家庭、親人、教會、領袖、服務、娛樂、鍛煉……。

但上帝希望我們過的生活是以耶穌為中心，一切事物的終結是祂，起始也是祂。耶穌是組織原則，聖靈則賦予權柄。這就意味著我的工作、教會生活、領袖、家庭全都屬於祂，在祂裡面得安息。經歷過的人會明白，若離了聖靈的能力與恩典，是絕無可能活出這樣的生命的。

相對於教會增長，讓我們來想像，若是基督徒能像早期基督徒那般生活，在我們所行的一切事上彰顯基督的價值觀、願景與生活，這一個世界將會成為何種模樣。家庭、市集、教會、社區都會成為我們事奉及傳福音的地方。因著我們的愛和我們的生活，這個世界會發現自己沉浸在救主無與倫比的大愛當中。

耶穌基督門徒的生命及影響力

這一模式是如何產生效應的呢？在我所牧養的教會中有一位名叫詹姆斯的工程師，非常愛主，樂於事奉上帝。他在一家大公司工作，手下管理的人員超過 200 人，在教會和社區生活中，他可算得上是積極分子。他經常講道，幫人查經，並參加教會的短宣旅行。他對上帝的熱愛，對服事的熱忱，使許多人看在眼裡，加之聖靈引導並賜給他能力，因此人們常對他說：「詹姆斯，你應該去作牧師。」而他的回答是：「我現在已經是牧師了，只不過付我薪水的不是教會，而是我工作的地方。我的工程公司裡不允許有牧師，但是我天天都能待在那兒。當我的員工受到傷害，我與他們同受苦難，當他們歡喜快樂，我也與他們一同快樂。我一一為他們禱告，並邀請他們來家裡做客。我其實是上帝的門徒，只是扮作工程師而已。」他常這樣總結。如果你去詹姆斯的教會看一看，會發現有 20 位工程師。他們之所以來到主前，完全是這個人所做的事奉。

試想如果你完全委身於上帝，你的生活以祂為中心，祂會使用你的一生成就多麼偉大的工作！記住，護士、教師、醫生甚至牧師身份都是掩護偽裝，其實你是耶穌基督的門徒。

總而言之，以耶穌為中心的屬靈生活的模式就是在上帝面前充滿熱忱地生活，不斷體驗祂的全能與恩典，不斷調整生命中的優先

次序以反映基督的愛、願景、核心價值和世界觀。在上帝面前充滿熱忱地生活改變了我們與他人、自己、時間、財富、享樂、困難以及整個生命的關係。

以耶穌為中心的生活

前面第 127 頁的輪狀圖是以耶穌為生命核心之形象呈現出來：耶穌是輪子的中心，我的生活就是週邊的輪圈，聖靈就是輪軸。輪子有四個象限，每個象限代表我們與神和人的四種關係：我們和上帝、他人、自身和資源的關係。我的生活以耶穌為中心，我所做的任何事，都是為了上帝的榮耀，並著眼於服務、事工和傳揚福音。以基督為中心，聖靈賦予權能，在關係上求得平衡，這樣的生活正是我們在使徒行傳二章中所看到的生活。讓我們從經文內容對各個要素逐一進行剖析。

以耶穌為中心

早期教會的生活是一幅以基督為中心，主導各種生活層面的圖畫——宗教、世俗、情感、身體、神學與實踐（靈修／道德）、內在與外在、上帝與他人——但總以耶穌為中心。在使徒行傳 2：36 彼得向眾人介紹耶穌時，指出人人都必須向祂作出回應。「故此，以色列全家當確實地知道，你們釘在十字架上的這位耶穌，上帝已

經立祂為主，為基督了。」我們在使徒行傳 2：42 － 47 看到的正是
一種回應我們主基督的生活，這讓一切都變得不同。

　　彼得的講道訴求耶穌就是基督、救主和上帝，眾人對此的反應
使教會誕生，並憑藉聖靈的能力過著聖潔的生活。「彼得說：『你
們各人要悔改，奉耶穌基督的名受洗，叫你們的罪得赦，就必領受
所賜的聖靈。』」（使徒行傳 2：38）當然，使徒行傳中至此所發
生的所有事情，都為基督的中心地位和聖靈賜予能力的使命奠定了
基礎。[1]

第一批信徒對上帝有著強烈的愛。祂的國度、旨意、祂的愛和創造、祂的子民以及祂對這世界的願景，這一切都主宰著他們的生命。使徒行傳二章記載了他們渴望透過學習更加瞭解耶穌，藉著禱告與祂建立親密的關係，經由傳福音和服事他人來告訴這個世界有關耶穌的故事。「（他們）都恆心遵守使徒的教訓，彼此交接，擘餅，祈禱。」（使徒行傳 2：42）第二章之後則描述他們堅定不移地為耶穌而生，或為耶穌而死。他們不僅在信仰上表現出全然的獻身，在對時間的應用和付出上亦是如此。以耶穌為中心的生活在各個方面都會發生改變。

聖靈的大能

五旬節聖靈降下後發生的徹底轉變使早期教會得以誕生。當他們「都被聖靈充滿」時，原本平庸的門徒開始「按聖靈所賜的口才」（使徒行傳 2：4）傳起道來。此外，那些回應福音的人也領受了「所賜的福音」（第 38 節）。任何基督教精神的典範都必須歸結於基督的靈，如同在使徒行傳二章中闡述的，祂是聖潔生活方向和力量的泉源。[2]

在使徒行傳中，那充滿活力的教會與我們在福音書中看到的一群烏合之眾的門徒形像相去甚遠。在基督生命的最後一週，似乎祂所做的一切都遭遇失敗，而且是一敗塗地。在那一週的星期四和星

期五，有一個門徒否認耶穌，其他人也背棄了祂，有些人甚至逃得
離祂遠遠的（馬可福音 14：50 － 52；路加福音 22：54 － 60）。但
正是這同一群人，後來憑著他們的見證與勇氣翻轉了整個世界。門
徒的轉變並不是因為他們參加了某些有關領導力與傳福音的講座，
也不是因為進行了某種自我提升的課程，而是因著聖靈改變人心的
大能。「但聖靈降臨在你們身上，你們就必得著能力。」（使徒行
傳 1：8）

　　懷愛倫論到聖靈對個人產生的不可思議之變化，說：「基督徒
的人生不是舊生活的修整或改良，而是本質的變化，要對私心和罪
惡看自己是死的，隨而代之以全新的生活。這種變化，只有靠聖靈
的運行才能實現。」[3] 正如經文為證，「若有人在基督裡，他就是
新造的人，舊事已過，都變成新的了。一切都是出於上帝；祂藉著
基督使我們與祂和好，又將勸人與祂和好的職分賜給我們。」（哥
林多後書 5：17 － 18）[3]

　　聖靈賦予教會權柄，使他們身在世界卻仍能活在上帝的國度
中。在他們的心中已經預先嘗到了永恆的滋味。上帝的恩典會同樣
以在早期教會的方式運行在我們中間，使我們的生活可以如基督的
生命般大有果效。今天教會所需要的不是更多的計畫、技巧、書籍
或講座──而是需要被聖靈充滿、引導、感動和掌舵。

　　復臨教會如今正處於十字路口。我們的先賢所有的熱忱，如今已經失喪了，我們也懵懂茫然、不知該如何再次擁有這種熱情。有些聲音引導我們回到過去，仿效我們的奠基者那樣生活；其他人卻說：「不，我們所需要的其實是彼此相愛。」我相信我們真正要做的，是重新被聖靈的大能與果效充滿，重獲早期教會的甜蜜經驗——驅使我們的是對迷失者的熱忱，催逼我們的是迫在眉睫的基督復臨。

屬靈操練的影響

　　基督徒的訓練是屬靈的操練，可以促進我們與上帝之間的關係。使徒行傳中記載的清單包括聖經學習、禱告、事工、傳福音、團契、奉獻與分享、崇拜、讚美、喜樂和克己。最早一批基督徒發現這樣的屬靈操練能使他們在個人及團體的基督徒經驗上有所進步。[4] 雖然這段經文並沒有鉅細靡遺地進行記錄，但相比於聖經中的其他章節，它更加專注地探討屬靈操練的問題。由於篇幅的限制，我們僅就最為重要的問題進行探討。

　　這是一個不斷學習的教會。「（他們）都恆心遵守使徒的教訓」（使徒行傳 2：42）。他們時常聆聽使徒們教導上帝的話語。[5]

　　信徒們懷著強烈的渴望，盡其所能地學習所有關於上帝和祂道路的真理。今天的教會面臨的最為嚴峻的挑戰之一，就是缺乏對聖

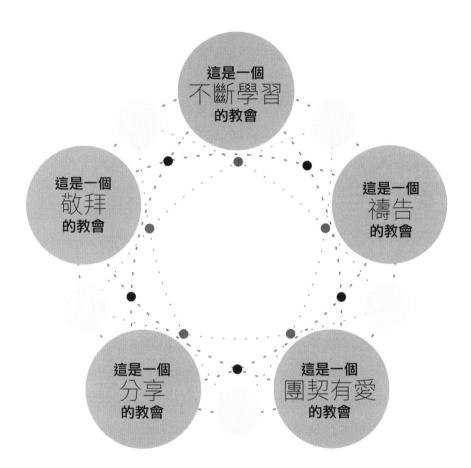

經的理解及應用。在基督裡的豐盛是取之不盡、用之不竭的,因此真正的屬靈生活包含持續不斷地學習基督徒的經驗(以弗所書 1:17 − 19),每天都在基督徒的知識和成長上不斷進步(哥林多後書 3:17 − 18)。在教會成長方面,很明顯我們越是瞭解基督,就越願意與他人分享。

雖然有些人存有迷思，相信快速發展的教會通常是忽略或將聖經邊緣化的，但實際上，他們卻是將聖經的教導落實，且使用更加平易近人的語言來解釋。他們教導的事工是有意義、有趣且實際的。一位牧師在我們的研究中說：「我教導是為了打動人心。」另一位牧師說道：「當我站在講臺上時，我所想到的並不是諸多釋經學家的學說，我所考慮的是加油站的工人和銀行的職員，他們需要從上帝那裡聽到什麼？我怎樣才能將祂的信息分享給他們聽？」

這是一個禱告的教會。使徒行傳記載了許多的祈禱。事實上，我們不妨稱它為一本祈禱書。不論是諸事順利還是情況嚴峻，早期的信徒們都會祈禱（使徒行傳 4：23 － 31；12：5，12）。當遭遇危機時，他們祈禱；頌揚主恩時，他們也要祈禱。他們的生活與上帝緊緊相連，他們也確信力量來源於上帝，而釋放力量的方法就是禱告。「他們都恆心……祈禱。」（使徒行傳 2：42）

禱告對於團體生活來說是至關重要的。人們依賴上帝，尋求祂的指引和力量，樂意降服於祂的旨意和目的。[6] 耶穌明明白白地指出，離了祂，我們什麼也不能做。祂曾說：「你們要常在我裡面，我也常在你們裡面。枝子若不常在葡萄樹上，自己就不能結果子；你們若不常在我裡面，也是這樣。我是葡萄樹，你們是枝子。常在我裡面的，我也常在他裡面，這人就多結果子；因為離了我，你們就不能做什麼。」（約翰福音 15：4 － 5）但是有了祂，我們就能

為上帝的國度成就偉大的事情。如同早期信徒們那樣竭力的祈禱，能使人與上帝相連，而產生活力四射的影響力。

在研究復臨教會的成功範例時，我們發現它們對祈禱都非常重視，這在熱衷於祈禱的牧師、領袖以及平信徒身上都能得到印證。召開事工會議要先禱告，每週崇拜聚會前、進行之時及結束後會眾都要祈禱。此外，成功的教會指導會眾為自己尋找禱告的夥伴。換句話說，禱告的聲音充滿了整個教會。

我一直鼓勵基督徒要經常為自己生命中的五個人禱告，服事他們，給予他們愛。結果，我看到許多人因著禱告來到上帝面前。何不來加入我們呢？為五個人禱告，看看上帝將為我們成就何等的事！

這是一個團契有愛的教會。「他們都……彼此交接。」（使徒行傳 2：42）信徒聚在一處，每天敬拜、交通。每個人心中充滿歸屬感和愛，這是一個團結、充滿療癒和愛的理想教會。這充滿愛的團契是他們與基督交通的自然產物。早期信徒有著共同的希望、信心、愛、奮鬥、目標和命運，這一切讓他們彼此的關係更親密。

唯有與上帝的相互關係才能催生並滋養聖經中所描述的友愛團契。我發現我與一些人的關係是基於共同利益，而與主內弟兄姐

妹的關係則是基於我們對耶穌的愛與奉獻。真正的弟兄和睦與合
一，只有在基督裡方能找到（以弗所書2：14；加拉太書3：26－
28）。與尋求活出基督的人相交是人無法抗拒且意義重大的。當這
一切發生的時候，我們會發現我們的健康與成長和參與團契生活中
也是密不可分的。[7]

去教會並不代表我們就會獲得聖經中的合一。我們與他人的相
交，是建立在我們與上帝的相交之上。「我們將所看見、所聽見的
傳給你們，使你們與我們相交。我們乃是與父並他兒子耶穌基督相
交的。我們將這些話寫給你們，使你們（有古卷作：我們）的喜樂
充足。」（約翰壹書1：3－4）耶穌是基督徒社群的心臟、呼吸與
基石。在我們裡面和我們中間，若沒有基督的靈，就不可能有真正
的相交。耶穌是我們所共有的。[8]

和使徒行傳第二章中的模範教會一樣，今天那些不斷增長的教
會也大力強調團契。一個充滿活力的復臨教會每個安息日都為教友
提供兩餐：早餐和午餐。當信徒們聚在一處擘餅、交通時，那種氛
圍實在妙不可言。你的教會如何鼓勵教友們進行屬靈的交通呢？

這是一個分享的教會。「信的人都在一處，凡物公用；並且賣
了田產，家業，照各人所需用的分給各人。」（使徒行傳2：44－
45）從他們神聖的合一中流淌出超然的慷慨。他們不把資源看作自

己獨有的，他們彼此相愛的心如此強烈，以至於為了這個群體，願意變賣自己所有的。[9]

真正的相交不僅僅是我們一起分享——還包括一起分配。第一批基督徒所擁有的一切都是屬於基督的，他們為著祂的榮耀來使用它們。他們沒有絲毫不情願及勉強，為了上帝國度的拓展及改善他人和這個世界，全然喜樂地慷慨解囊獻上一切。

靈性就是像基督一樣生活，活在捨己的愛中。一個真正的基督徒是無法承受自己擁有太多而別人擁有的太少。當世界上的人看到我們的愛和關懷，他們就會更願意加入我們，接受主耶穌為救主。

凡是持續增長的教會都會致力於滿足會眾的需要，他們圍繞著那些生病、受傷害、有需要和軟弱的人。人們彼此代禱，將自己的財富與他人分享，同時享受著完備的病患探訪計畫。這就是使徒行傳第二章中所描述的情景。

我們的研究表明，持續增長的教會在參與社區生活上也表現卓越。我們看出採取新方式來接近人群已是刻不容緩的事。許多教會不再以多加會來為社區服務打頭陣，而是為其提供許多新穎的服務，比如財務規劃講座，幼兒如廁訓練班，移民英語培訓課程，減重互助小組等等。

這是一個敬拜的教會。敬拜上帝就是要尊崇祂，敬祂為神。就是要仰慕、尊崇、敬重上帝為生命的源頭和宇宙的統治者（啟示錄4：8－11）。換言之，敬拜就是要呈現出受造物在造物主面前的狀態。當我敬拜上帝時，我會用行動來說明：「上帝啊，你比我更美好。你比我更偉大，你比我更豐盛。」這就是早期教會的經驗。

使徒行傳第二章中社群的敬拜表現在讚美和感恩上（使徒行傳2：47）。因著敬拜，他們也天天滿有喜樂地聚在一起。他們可以像大衛一樣，「人對我說：『我們往耶和華的殿去』，我就歡喜。」（詩篇122：1）這樣的崇拜激勵他們毫不吝惜自己的時間、才幹、地位，甚至生命。這樣，他們就經歷了敬拜的真正精神——有上帝坐在宇宙中心的寶座上，而寶座就堅立在人心當中。

讚美就是將居於心中的靈表露出來。當聖靈以屬天的事務充滿我們的時候，我們將會流露出敬拜、讚美的靈和喜樂滿溢的生命。讚美的歌聲並非是單調的。一些持續增長的復臨教會仍進行傳統的音樂敬拜，還有一些採用當代讚美詩，不過多數教會還是喜歡將傳統與現代結合。重要的是，吸引人們參與真正敬拜的不是敬拜者的活動，而是上帝的臨格。當人們感受到在敬拜活動中有上帝同在的快樂時，他們就會被吸引，並且帶朋友來參加聚會。

居於社群之中

在早期教會均衡靈性生活的景象之中，我們發現使徒行傳第二章詳細地描述了信徒的個人經驗與集體基督徒生活之間的關係。在這個完美的模中，我們看到信徒與上帝之間的關係密切，與其他信徒以及他們的社區、鄰居、同工之間也有著緊密且有意的聯繫。他們的生活是如此稱心如意，以至於得眾民的喜愛，並且「主將得救的人天天加給他們」（使徒行傳 2：47）。

若我們的屬靈生活只關注與上帝的關係，那麼我們便和僧侶沒什麼兩樣了。但我們的注意力若只集中在人際關係上，那又成了社會工作者。真正的靈性生活能夠孕育出與上帝的垂直關係和與人的水平關係。耶穌告誡我們：「『你要盡心、盡性、盡意、盡力愛主你的上帝。』其次就是說：『要愛人如己。』再沒有比這兩條誡命更大的了。」（馬可福音 12：30 － 31）

任何可靠的屬靈生活的模式，都必須包括社群中個人靈性生活的發展。離開了志同道合的環境，我們的靈性成長和渴望滿有基督身量的心便無以為繼。雖然為了靈性的成長，我們需要做許多事，但若不去尋求住在別人中間、為別人奉獻，那麼我們所付出的努力依舊是殘缺不全的。我們在使徒行傳第二章中所讀到的，是一群作出個人抉擇跟隨基督，並且全然投身於集體生活之中的人：學習、

禱告、分享、敬拜。耶穌開創了這一模式，教會要將它堅守下去。

因著基督的名，第一批門徒作出回應（使徒行傳 2：36 —
38），但是上帝卻將他們加給教會（第 47 節），在這個組織中，他
們向著團契內外的所有人表現出關愛。他們屬靈生活的榜樣，強調
了若與上帝有親密的關係，就勢必激勵我們為榮耀祂而活，意味著
我們要以祂的愛去擁抱更多的人。我們被吸引離耶穌越近，就會越
投入去愛別人（歌羅西書 3：12 — 15）。

活在平衡的關係中

使徒行傳第二章中描述的早期教會屬靈生活孕育了四種主要關
係：在上帝和祂的旨意中，個人與上帝、他人、自身，以及資源的
關係。

 與上帝的關係

第一批的信徒不僅敬拜、讚美上帝，禱告並學習聖經，他們對
於所做的一切都懷以最大的熱忱及投入。上帝是他們生命的中心，
他們所做的任何事都在顯明上帝的崇高地位。禱告、學習、敬拜、
默想，這些屬靈操練都鼓勵人們與上帝建立健康的關係。

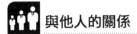 **與他人的關係**

當聖靈的火焰臨到聚集的門徒身上時，就將他們的眼界投向了外面的人群。那一天，當三千人受洗歸主時，信徒們教導他們將合一作為屬靈操練。使徒行傳在寫到禱告、遵守使徒教訓時也提到了人與人彼此交接。我們與他人的關係表現在我們要愛他們，尊重並聆聽他們的心聲，為他們服務。在靈性生活這一領域有助於其健康發展的活動包括團契、傳福音、事工、鼓勵和愛。

與自身的關係

從最初的悔改到之後所發生的一切，早期教會的特點表現在上帝的恩典和個人選擇上。個人選擇在符合聖經的屬靈生活中產生關鍵性的作用。正如早期的信徒回應彼得的呼召，並忠心按著基督的要求行事為人，我們的靈性部分也取決於我們的選擇。我們與上帝和他人的關係，源於我們跟自身的關係，是我們自己作出承諾要將自己的生命全然獻上，一心為上帝的榮耀而生活，這也是允許上帝改變我們，成為祂的形狀（哥林多後書 3：17 － 18；羅馬書 12：1 －2）。這種關係表現在我們的生活中有以下幾種方式：順服，內心和思想的轉變，個人的成長。

與資源的關係

　　屬靈生活的一個基本組成部分是將整個生命奉獻給神。「所以弟兄們，我以上帝的慈悲勸你們，將身體獻上，當作活祭，是聖潔的，是上帝所喜悅的；你們如此事奉乃是理所當然的。不要效法這個世界，只要心意更新而變化，叫你們察驗何為上帝的善良、純全、可喜悅的旨意。」（羅馬書12：1－2）由此，我們在看待時間、才幹、金錢、產業和身體等，這些從前稱作屬於自己的事物上就有了變化。對待資源的合理態度是要明智地利用資源，定期奉獻，並且過健康的生活。早期的基督徒因著與上帝、他人、自身的密切聯繫，自然而然與各種資源之間也有全新的關係，他們擁有的一切都與他人分享，並且將所有的投入到上帝的國度中。他們奉獻是因為他們愛上帝，他們奉獻得徹底是因為他們愛得徹底（哥林多後書8：1－15）。

結論

　　靈性之事關乎我們整個生命和整個人。在使徒行傳中我們看到教會的情景描述了一種全面的屬靈生活，強調了信徒經驗的整體性。正如罪惡染指我們人類的所有層面，積極的靈性生活也應如此無孔不入。屬靈生活絕不是一週一次或兩次去教會，或是偶爾讀讀聖經，或是時不時地祈禱。它滲透於我們所行、所說、所想的一切

事上；是它造就了我們，使我們與世人迥異。

　　我們夢想的生活，上帝為我們和祂的教會設計的生活，以及使徒行傳第二章中所描述的生活，都是一種以耶穌為中心、由聖靈賦予力量、受屬靈操練影響，以社群為背景，由平衡的關係所引導的生活。每個人都愛使徒行傳描述的教會。他們「讚美上帝，得眾民的喜愛。主將得救的人天天加給他們。」（使徒行傳 2：47）

　　在研究中我們會問人們一個問題：「如果你的教會從目前所在的社區搬走，社區的人們會不會想念你們？」我們得到形形色色的答案，但最普遍的還是「我覺得他們甚至都不知道這裡有教會。」我祈求你的教會在社區中能夠進行大有影響且行之有效的服事，日後如果你們的教會搬走，社區裡的人們會因為沒了你們的愛、服務和關懷而倍感不適。

附註：
1. 使徒行傳開篇提到耶穌升天，並指出即使在這種情形下，祂也已經「藉著聖靈指示」了眾門徒（使徒行傳 1：2）。接著提到了基督應許降下聖靈的洗禮，這樣他們必得能力為祂作見證（第 5，8 節）。在這一段的末尾講到了有關基督再來的應許（第 11 節）。第二章記錄了使徒因聖靈沛降而大有力量的見證（使徒行傳 2：1 － 36），呼籲人人都要對耶穌基督作出回應，接受聖靈的洗禮。
2. G・愛德溫・邦特拉傑和南森・肖沃爾特，《今日就可實現！》（斯科茨代爾，賓夕法尼亞州：Herald 出版社，1986 年），第 20 － 21 頁。
3. 懷愛倫，《歷代願望》，原文第 172 頁。
4. 阿黛爾・阿爾伯格・卡爾霍恩，《屬靈操練手冊：轉化生命的操練》（伊利諾州唐納斯格羅夫，VIP Books，2005），第 36 － 40 頁。

5. 鄧尼斯・蓋特納，《使徒行傳：學院出版社新國際譯本經注》，（密蘇里州賈普林，學院出版社，1993），第 82 － 83 頁。

6. 達雷爾・L・博克，《貝克新約聖經注釋：使徒行傳》（密歇根州急流城，貝克出版集團，2007），第 151 頁。

7. （羅馬：聖經學院出版社，1979），第 3 頁。

8. 勞埃德・J・奧格爾維《貫通評注：使徒行傳》（德克薩斯州韋科市：Word，1983），第 74 － 75 頁。

9. C・K・巴雷特《聖經短評：使徒行傳》（倫敦：T. & T. Clark, 2002），第 33 頁。

FOUR

第 6 章

對上帝的同在滿懷熱情

Passion for God's Presence

那時我是個滿腔熱血的年輕牧師，生平第一次參加教會的事工大會。一位區會的幹事站在 100 位牧師面前，手裡舉起了一疊報告，宣布道：「現在我們有一個計畫，能夠助我們完成使命。」一想到完成工作歸回天家，我不由得興奮起來。然而，正如你所知，工作並沒有完成，而我們也還在這個世界上。

兩年後，同樣的人站在同樣的地方宣告說：「我們現在有個計畫，這次使命必達。」我又一次激動不已。但可悲的是，我們還是原地踏步。又過了兩年，另外一個人向著台下的牧師們宣布：「現

在我們有個計畫，它必將為我們完成使命！」這一次我無動於衷，因為我知道這些計畫不會產生任何作用。

說起傳福音的計畫和教會增長的技巧，那都是極美好且絕妙的（顯然若是發展起來會像知名連鎖店擴張那樣迅速）。但唯一的問題是，若沒有能力，它們就起不了作用。

即使是一輛賓士——世界上配有最好引擎的汽車之一，若沒了燃料也動彈不得。我們所需要的不是換湯不換藥的策略，而是能力的來源。

我們都知道今天的教會出了問題。我們所期盼的是一個充滿活力、敬拜上帝、充滿信心的群體，以愛和力量向這個世界傳播福音，一個聖靈相伴得勝的教會。然而我們所看到的，卻是處於停滯或衰敗狀態的教會，信徒們對世俗之事滿腔熱忱，卻對自己的信仰冷漠無比，這其中的確是出了問題。

一位作者列舉了教會所面臨的十大問題：冷漠、淺薄、世俗、不願奉獻、牧長倦怠、青少年不來教會、懼怕傳福音、自律能力鬆懈、爆滿的日程表（卻沒有果效），長期缺乏堅定忠誠的人，他把這一切總結為「今日教會的現狀」。

但新約教會究竟是一種什麼狀態呢？不遺餘力的門徒用福音的
信息與生活將世界翻轉過來。它像野火般蔓延至各個國度，衝破異
教、迫害、法利賽主義的重重障礙，顛覆了整個世界。真可謂無比
強大！

許多年前，陶恕（A. W. Tozer）曾寫道：「如果聖靈從今日的教會撤離，我們所做的 95% 的工作仍會繼續，而且沒人會感到有什麼不同。若是聖靈從新約的教會中消失，那麼他們所做的 95% 的工作都會停止，而且每個人都會察覺到異常。」[2] 今天我們最需要的非聖靈莫屬了。

不是依靠勢力

當我們太過依賴人的努力時，就會很少依靠上帝的大能。我們盤算著如果能有一個年輕的牧師，或是更好的講師，更好的詩班，更好的課程或更好的建築，那麼教會就能獲得成功。這些想法雖然不錯，但它們並不是醫治患病教會的靈丹妙藥。在我們參加了每一次講座，嘗試了每一種策略，核對每一項任務過後，我們會發現自己仍在原地踏步——並且更加倦怠。

聖經給了我們一個神聖的良方。「這是耶和華指示所羅巴伯的。萬軍之耶和華說：『不是倚靠勢力，不是倚靠才能，乃是倚靠我的靈方能成事。』」（撒迦利亞書 4：6）「勢力」一詞代表人類一切所能想像到的聰明智慧。我們以為上帝的工作將藉由我們的手去做，透過我們制定的計畫，所擁有的資源，以及顯示出的才幹來完成。但上帝提醒我們，這所有的一切都無法成就永恆的事。真正能夠發揮作用的——使人們信仰轉變，使上帝的國度發展，使人與上

帝和好——只有上帝的靈。

另一本書，另一個計畫，另一次講座，另一個「改變某事或他人的五個步驟」，凡此種種都不是我們所要的答案。我們不需要更多的方案——我們需要聖靈充滿。我們不需要更多的計畫——我們需要更多的能力。我們也不需要更多的策略——我們需要更多的聖靈。

不插電的事工

我們面臨問題的核心是斷了聯繫——我們失去了與葡萄樹之間至關重要的聯繫。若沒有基督，就沒有生命。祂告訴我們：「你們要常在我裡面，我也常在你們裡面。枝子若不常在葡萄樹上，自己就不能結果子；你們若不常在我裡面，也是這樣。我是葡萄樹，你們是枝子。常在我裡面的，我也常在他裡面，這人就多結果子；因為離了我，你們就不能做什麼。」（約翰福音 15：4 － 5）

我曾在某間教會擔任牧師，該教會曾有 80 位教友，但他們有一個偉大的異象。有一天他們在一起決定要蓋一個可容納 600 人的教堂。在接下來的幾年中，教會的教友增加至約 100 人，於是他們開始為他們夢想的教會做準備。可惜在設計新教堂的過程中他們起了紛爭，參加聚會的人數也遽減到約 40 人，一年過去了也不見起色。

　　我就是在這個當口擔任了他們的牧師。之所以接受這個教會的邀請，是因為我渴望成為教會增長領域的專家。那時我正在攻讀領袖學和教會發展領域的博士學位。我將我生平所學都用上了，在教會中實行各種從課堂和講座中得來的策略、計畫和專案。在三年半的時間裡，我使出渾身解數，每週工作 60 ～ 80 小時。不僅如此，我的妻子每週還要幫我做 30 ～ 40 小時的工作。結果，一些不尋常的事發生了。

　　經過三年半的不懈努力，各種先進方式輪番上陣，參加聚會的人數由 40 人減少到 30 人。我儼然成了教會衰退領域的專家！

　　三年半的時間，我一直在做不插電的事工，與生命之源遠離，與真葡萄樹隔絕。我已經忘記了教會得以健康發展的重要因素：上帝的大能。祂的教會全倚賴祂才能發展。我們的角色就是完全徹底地仰賴祂。

　　「在我們的機構中，要教給工人們的第一課就是倚靠上帝。他們在任何領域獲得成功之前，每一個人都必須親自接受基督聖言中所蘊含的真理：『離了我，你們就不能做什麼』。」[3] 懷愛倫所強調的第一件功課，我卻把它當作了最後一課來學。對於我來說，實施這些計畫或是策略比將我的心、我的計畫、我的想法降服於上帝的旨意還來得容易些。

美妙的未來

　　上帝給我們的解決辦法是什麼？祂想要的是什麼？我們如何才能恢復早期教會的生命力？基督在祂升天之前就向祂的追隨者宣告：「但聖靈降臨在你們身上，你們就必得著能力，並要在耶路撒冷、猶太全地，和撒瑪利亞，直到地極，作我的見證。」（使徒行傳 1：8）

　　接著事情是這樣的：他們等候著上帝並且禱告。當聖靈充滿他們的時候，他們就獲得能力。於是那時——也只能在那時——他們出去，向這個世界傳揚福音。

　　這一小群憂心忡忡的門徒，不管他們是否相信耶穌的應許，他們都做了正確的事情。他們拖著沉重的步子下山回城，「同著幾個婦人和耶穌的母親馬利亞，並耶穌的弟兄，都同心合意的恆切禱告。」（第 14 節）

他們一心一意地禱告。難道當時沒有更重要的事情能吸引這群人的注意嗎？畢竟日耳曼蠻族正橫跨萊茵河再次進犯，陰謀家也在設計要取羅馬皇帝提庇留的性命，饑荒席捲了整個羅馬帝國。大多數人認為，這才是當前真正重要的問題。這些事的確重要，但所有的門徒所做的就是回家、禱告——這才是真正重要的事，因為禱告可以成就的，是在這個世界上的任何力量都無法達成的。

我們必須明白，我們需要禱告。如果聖經中的勸勉還不夠清晰，那麼就來看看我們自己，難道這麼多年來挫敗的事工還不足以證明：我們若繼續依靠人的努力做教會的工作、卻與能力的來源斷絕，最終必將落得一事無成嗎？我們唯一的選擇就是全然依靠上帝的解決方法：禱告。勇士基甸因何擊敗敵軍取得奇蹟般的勝利？就是因為他全然信賴上帝的方法。倚靠著上帝的大能，區區 300 人就可以擊敗龐大的軍隊。他們取得勝利並非依賴自己的力量，而是倚靠上帝的力量。這正是我們今天所需要的。軍隊前進是靠著雙腳，但上帝的教會前行則要靠跪拜禱告的膝。那是上帝的力量——是我們今天急需的力量。

教會將迎接美好的未來，因為在上帝看來一切皆有可能。「上帝願意為我們行大事。我們的得勝不在乎人數的多寡，乃在乎我們是否將全心獻給耶穌。我們要依賴祂的大能往前行，信靠以色列全能的上帝。」[4] 禱告是通往復興、力量和成長的道路。

復興的方法

「這稱為我名下的子民，若是自卑、禱告，尋求我的面，轉離他們的惡行，我必從天上垂聽，赦免他們的罪，醫治他們的地。」（歷代志下 7：14）這節經文是復興的精髓所在——是今天上帝給我們的應許。

讓我們來探究一下在這節經文中所提、關於復興的五個條件：

1	我們是屬上帝的，是祂的子民。
2	我們必須求告祂的名。
3	我們必須謙卑，從生活中除去自高自大和自私自利。
4	我們必須禱告，尋求祂。
5	我們必須悔改認罪。然後上帝會垂聽我們的呼求，回應我們的祈禱，使我們得以更新。這並非像是我們實施的某些專案，而是與上帝之間活潑的關係。這不是一種策略，而是對主耶穌基督的委身。

懷愛倫曾經寫到在復興中我們的職分：「我們當前最大和最迫切的需要，莫過於真正虔誠的復興。而我們當務之急，乃是尋求這種復興……但我們所該做的，是藉著認罪、自卑、悔改和懇切的禱

告，來滿足上帝應允賜給我們這福氣的先決條件。我們只有藉著蒙應允的禱告，才能覺察有復興的必要。」[5] 只有當人們真正重視上帝，並且投入大量的時間來尋求祂時，復興才會產生。「有一件事我們應該明白，一切失敗的原因，在於缺乏暗中祈禱。」[6]

看著我所牧養的教會信徒人數由 40 降到 30 人，我下定決心乾脆辭去牧師的職務，去做工程的老本行。我盤算著，這樣我還能賺得更多，週末可以休息，最重要的是不用再面對這些難對付的人了。於是我在電腦上打辭職信，剛打完，門鈴響了。當我去開門的時候，電腦螢幕上的辭呈恰巧被妻子看到了，接著她便問我為什麼不想再作牧師了。

「很簡單，」我解釋道，「我算過，如果照這樣下去的話，再過三年半，這個教會裡就只剩下你和我面面相覷了。我可不希望見到這樣的事。我希望可以體面地退出——越體面越好。」我的妻子看著我，只說了一句：「你一直在為你的教會禱告嗎？」這話在我聽來感覺苛刻又刺耳。於是我開始辯解，但很快就發現自己沒什麼立場，因為在內心深處我不得不承認，比起祈禱和靈性，我還是更熱衷於策略性的計畫和方案。

在妻子的鼓勵下，我決心每週花一天時間禱告和禁食。按照計畫我應該在週日晚上吃最後一餐，然後週一整天都待在教堂中做禱

告。就在第一個週一的清晨,當我正要出門的時候,我的妻子對我說:「你禱告的時候,應該要迫切到好像要將整個生命賭注都押在上面一樣。」我回答她說,我不太明白這是什麼意思,不過會盡力去做。進了教堂,我便在一張家庭專用長椅前跪了下來,並為聚會時坐在這裡的一家人祈禱。剛禱告兩分鐘,我就發現自己昏昏欲睡,結果那一天我足足睡了八個鐘頭。通常我從不在白天睡覺,但當我一打算禱告,就連作息時間都改變了。

那一天我面臨的最大的難題就是回到家時該怎麼跟妻子開口。她問我禱告得如何,我嘴裡嘟噥著「很好很好」,企圖蒙混過關,但心裡卻說了實話,「不過就只禱告了兩分鐘!」。但在妻子的鼓勵下,我繼續堅持。第二週我花了三分鐘來禱告,第三週禱告了四分鐘,後來又跌到了三分鐘,再下次堅持到五分鐘。就這樣,我得出了生平最重要的屬靈發現:我自己就是我屬靈生活的最大挑戰,使我分心的並不是網路、收音機、電視或運動,我發現我並沒有全心投入地去禱告。但若是給我一個項目或是策劃或是其他什麼事情,我會興致勃勃地去做。屬靈的生活包含兩件事,是與我們周遭的文化、價值觀、世界觀和本性背道而馳的,那就是順服的生命和與上帝的連結。

我的妻子繼續鼓勵我,而我也堅持我的承諾。我告訴自己:「就算它要了我的命,我也要繼續禱告,堅持禱告。」幸運的是,它並

沒有要了我的命。隨著時間的推移，我的生活也開始發生變化。一件令人驚喜的事情發生了。

就這樣我禱告了八個月，從最初幾週的決心和掙扎最終變成了喜樂與平安。對禱告的熱忱與日俱增，我便開始尋找其他的方式讓禱告融入我的生活。我有每天散步一小時的習慣，於是邊散步邊祈禱。漸漸地我變得樂觀，心裡充滿期望，講道和服事也變得愈發有果效。禱告的訓練正逐漸使我發生改變。

有一天安息日，正當我在講臺上證道的時候，我看到在三十個熟悉的面孔之外還來了四個人：丈夫、妻子和兩個小女兒。我心想：他們一定是從外地來的。我壓根兒未曾想到他們也許是慕道友──那時我們的教會是那麼死氣沉沉，如果我不是教會的牧師，我根本不會想要來這裡聚會。

聚會結束後，我向他們表示問候，問他們是否是來旅遊，丈夫告訴我他們就住在街對面。現在我非常想知道他們為什麼會出現在這裡了！「我在阿拉斯加做捕撈的工作，我在那裡的老闆就是一位復臨信徒，」他告訴我，「每天晚上他都把船員聚在一起，談他的生活哲學。曾經有一次他告訴我們：『如果有一天你去教會，就一定要去基督復臨安息日會──他們講的才是真理。』」

當這人回家時，他已經將老闆的話拋之腦後，生活就這樣繼續。有一天，他的妻子對他說：「看，我們有兩個女兒，應該帶她們去教會了。我以前去過天主教會，我們還是去那裡吧！」

「絕對不行！」丈夫回答道，「我老闆說了，要麼不去，要去就得去復臨教會。」而他的妻子並不在意教派的問題，只要是教會就可以。於是他們一家就在安息日的早晨出現在我的教會裡。

這一家人對上帝極其渴求。我每週兩次與他們查經，兩個月後他們就受洗了。施洗那天，我特意為他們舉行佈道，不但分享了他們的故事，也分享了我自己的故事。我告訴教友們我在禱告中經歷了何等的掙扎，告訴他們我經常來到教堂，為他們禱告。我與他們分享我是如何向上帝祈禱，懇求祂差遣願意受洗的人到我這裡來。「我是個心灰意冷的牧師，住在華盛頓州一個偏僻的小鎮上，但宇宙的君王聽見了我的禱告，祂給了我這對夫妻。」

話音剛落，一位 69 歲的老人站了起來，步履蹣跚走到台前，眼淚嚙著淚。「我有四個孩子，已經長大成人了，」他告訴所有人，「他們都遠離了上帝。但是如果上帝能回應喬牧師的禱告，將這個家庭帶給他，那麼我相信祂也將回應我的禱告，把我的孩子和他們的家庭帶給我。我要為他們禱告，日以繼夜地禱告。我希望大家也為他們、為我祈禱，使我能堅持，提醒我上帝是垂聽禱告的上帝。」

這位老人剛說完，坐在房間另一邊的一位女士就站起來傾訴了她的心聲。

就在那個安息日的早晨，十幾個人站起來作了類似的見證。從那時起教友開始禱告，這場運動像野火般蔓延開來。人們在聚會前、聚會中、聚會後作禱告、在週間和週末的日子裡禱告。他們時而進行個人的祈禱，時而進行分組禱告，不管形式如何，總是熱情洋溢。八年過去了，這間教會從僅有 30 位滿懷挫敗感的信徒，發展到如今擁有大約 5 百位全心全意追隨耶穌的教友。從原本毫無目標的 30 人變成 5 百名能將整個城市翻轉的人。原本 30 個連去教會都是迫於義務的人，如今卻成為 5 百名敬拜上帝、歸榮耀給祂的人。

上帝所成就的令人驚歎。我所有嘗試使教會增長的策略都沒能奏效。但禱告卻改變了我的生活，也改變了教友的生活。它既然能改變我，就一定能改變你。正如禱告使我的教會發生變化，同樣，它也能使你的教會轉變。

當我們嘗試各種技巧時，我們失敗了，但當我們嘗試上帝的方法時，就獲得了空前的成功。上帝是一位信守承諾的神。如果我們將自己全然獻上，上帝就會為我們成就大事。而且祂要不斷複製這樣成功的故事——現在就從你我身上開始。

　　我們是一群為瑣事汲汲營營、忙忙碌碌的人。**生命中所充斥的不外乎是迫在眉睫的最後期限和步步緊逼的各種會議。工作任務恨不得佔據我們每時每刻。我們被這一切的繁雜矇住了雙眼，卻忽略了真正重要的事。**讓我們拋開繁忙，聆聽上帝在我們耳邊輕聲低語，祂正邀請我們與祂交談。

獲得能力的途徑

　　一天下午，我在後院裡鋸樹，足足忙了兩個鐘頭。有兩棵並排生長的樹離屋子太近，已經危及房屋的安全。為了突顯男子氣概，我帶上鋸子，大步向前來到院中，準備三兩下將它們鋸掉。結果辛辛苦苦鋸了兩個鐘頭，好不容易才在樹的一側鋸出一個大口子。接下來的每一天我都花一兩個小時鋸這棵樹，兩週後它終於倒下了。我的鄰居看到了，不禁動了惻隱之心——也許是因為我叫苦連天——於是他帶了他的電鋸過來。很快地第二棵樹就被鋸斷了，我花了幾週來完成的事情，他幾分鐘就做完了。

　　這就好比上帝的能力與我們的能力之間的差異。太多基督徒生活中的悲慘之處，就是本應彰顯上帝能力的地方，卻用人的力量來取代，結果如何已經很明顯了。當我們企圖用人的手段，去做那些只能由聖靈來完成的事時，就是在竊取上帝的權柄。

「能力」與「禱告」在使徒行傳一書中出現了無數次。禱告就是釋放上帝的能力進入這個世界的管道。

困擾教會的主要問題並不是缺乏力量。只要祈求，就可以坐擁無窮的力量。其實問題出在我們身上，我們從不祈求獲得能力，沒有能力的時候又會心生抱怨。我們在很多方面甚至比那些第一次世界大戰後，跟隨勞倫斯參加巴黎和會的阿拉伯首領們更為天真幼稚。這些久居沙漠的人看到許多事物都倍感驚奇，但這一切都不比當他們看到酒店房間中的自來水時那樣大吃一驚。水在沙漠中是稀世珍寶，但在這裡他們只需轉一下水龍頭，就可以免費得到看似永不枯竭的水源了。

當他們準備離開巴黎時，勞倫斯發現他們企圖把水龍頭拆下來帶走，以為這樣到了乾旱的沙漠就可以有水喝了。他試圖解釋這水龍頭之所以能出水是因為它連接著巨大的水庫，如果沒有水庫供應水，水龍頭就只是裝飾品而已。但這些阿拉伯人執拗地認為這個神奇的小東西將帶給他們無窮無盡的水。

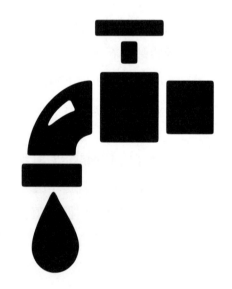

在基督徒生活中，我們難道不是更容易受蒙蔽嗎？聖靈好比是巨大的能力儲存庫，甚至是生命之泉滿溢的源頭。但若是龍頭關上了，聖靈怎麼流淌出來呢？正如聖靈無法感動一個頑石般剛硬的生命。[7]

所以要打開水龍頭——這龍頭必需實實在在的與永恆的源頭相連。上帝賜下能力的應許是給每個願意相信並接受的人。當我們懷著信心與恩典打開龍頭，上帝的能力隨之流淌出來時，就要當心了！「使徒大有能力，見證主耶穌復活；眾人也都蒙大恩。」（使徒行傳 4：33）

亞伯拉罕禱告——**僅一個人**——羅得就得以從被火毀滅的所多瑪和蛾摩拉城中被拯救出來。摩西禱告——**只一個人**——紅海就在以色列人面前分開。約書亞禱告——**單單一個人**——耶利哥城牆就倒塌了。大衛禱告——**亦是一個人**——他用機弦甩出的石頭直接擊中巨人歌利亞的額頭，他便撲倒死掉了。以利亞禱告——**就憑他一個人**——火從天上降下燒盡了壇上的祭物。但以理禱告——**也是一個人**——獅子的口就被封住。以斯帖禱告——**一個女人**——上帝就將以色列人從全然的毀滅中拯救出來。

如果你仔細聽，可能會發現在你的教會中有人緊抓住「假如」這個迷思的水龍頭不放：假如我們有更優秀的牧師、假如我們有更

完善的計畫、假如我們有更好的信徒、假如我們有更多的資源、假如我們擁有其他一些東西，就可以成就何等偉大的事情。福音工作和教會增長將會使我們的教會爆滿，教會預算也豐厚。但這不是依靠勢力或能力，而是倚靠聖靈，上帝的工作才能得以完成。水龍頭若沒有與水庫相連接，最終結果只能令人大失所望。

耶穌如今仍為祂的門徒祈禱，「但聖靈降臨在你們身上，你們就必得著能力，並要作我的見證。」（使徒行傳 1：8）向這個乾渴無水的世界作見證。你要向世人作證，救主曾來過，而且祂要再回來，祂的靈如今正與我們同在。

增長的方法

在五旬節星期日的早晨，當時教會共有 120 人。到了晚上就增加到 3,120 人，他們都奉耶穌基督的名敬拜上帝。接著上帝又加給他們 5,000 人，總共 8,120 人。之後，使徒行傳再沒有記載具體的數字，只是告訴我們門徒數目加增甚多（參閱使徒行傳 6：1，7）。這個初生的教會之所以呈現驚人的增長，不是因著它的策劃、技巧或策略。增長背後的祕密是上帝自己：祂的能力，祂的聖靈，祂的效力。如果今日的教會希望擁有同樣的經歷，就必須回歸最初的模式，一切都由聖靈來掌控。

幾年前我曾在義大利的米蘭——世界上最世俗的城市之一——向人們分享禱告的異象和挑戰。米蘭是義大利工業、金融和時尚中心，在那裡的其中一所教會被這異象感動。教友們開始禱告，並將他們的教堂變為禱告的殿。他們為教會、社區、自己的親朋好友獻上祈禱。短短一年的時間，上帝就使這個教會由原先的 35 人增長到 180 人。上帝既然能在米蘭成就這樣的工作，難道祂不能在你的城市成就嗎？

「為何我們的傳教士成就的如此之微小，其原因是他們並未與上帝同行。他們大多與上帝之間差了一日的路程。」[8] 懷愛倫告訴我們，我們的工作毫無果效，不是因為神學的錯誤或是沒有採用最

新的策略，而是因為我們缺乏與上帝的連結。章伯斯說得好：「我們為上帝所做的工有多少永恆的價值，是以我們私下與上帝相交程度的深淺來衡量的。」[9]

上帝呼召我們與祂同在。唯有這樣，上帝才能差遣我們出去傳道、教導、愛人如己並改變這個世界。而這一切都要藉著聖靈的能力。耶穌「設立十二個人，要他們常和自己同在，也要差他們去傳道，並給他們權柄趕鬼。」（馬可福音 3：14 － 15）

再者耶穌呼召你與祂同在，進入上帝的同在之中，崇拜並敬愛祂，將自己當作活祭獻給祂。「那些沒有每日在基督的學校裡學習，沒有花大量時間懇切禱告的人，不適合從事上帝聖工任何部門的工作。如果讓他們參加了，墮落的人性肯定就會勝過他們，致使他們自高虛妄。那些與耶穌基督同工，擁有看透屬靈之事屬靈眼光的人，在從事祂的聖工時，必覺得自己需要天上的美德和智慧。」[10]

擁抱挑戰

若你將自己的生活改變為禱告的生活，上帝能與你一起、在你身上、藉著你成就何等的事呢？現在就行動，將你的教會變為禱告的殿，經歷上帝更新、能力和增長的祝福。要孤注一擲、破釜沈舟似的禱告。**如果你沒有禱告的欲望，就要禱告上帝賜給你。**

讓禱告成為你的習慣。要每天為你的教會、你的兒女、你的配偶祈禱。和你的朋友一起禱告，找一個人作你祈禱的夥伴。

將為迷失者禱告作為你的事工，選擇至少五個人作為你禱告的對象。要愛他們，服事他們，滿足他們的需求。找一個適當的時機，與他們分享你的價值觀與見證，看看上帝能否在他們生命中改變什麼。他們之中有一些人會愛上耶穌。他們會對你的祈禱、服事、以及你具有吸引力的基督徒生活作出回應。

將來有一天，當你走在玻璃海之上，會有人走近你，對你說：「謝謝你對我的關懷，我能來到這裡是因為你。」這難道不是令人倍感榮耀的獎賞嗎？

「要常常喜樂，不住的禱告，凡事謝恩；因為這是上帝在基督耶穌裡向你們所定的旨意。」（帖撒羅尼迦前書 5：16 － 18）

附註：
1. J・H・魯茨，《敞開的教會》，第 2 頁。
2. 陶恕，《反思》選自《今日基督教》（1985 年 12 月 13 日）：46 頁。
3. 懷愛倫，《證言》第七卷，194 頁。
4. 懷愛倫，《上帝的兒女》，原文 280 頁。
5. 懷愛倫，《信息選粹》第 1 輯，121 頁。
6. 不知名的基督徒，《跪下的基督徒》（美國加州斯科茨穀市：CreateSpace，2009 年），第 3 頁。
7. 撒母耳・休・莫菲特，選自《更新萬事的能力》，主編布魯斯・拉爾森（德克薩斯州韋

科市：Word, 986），第 130 － 131 頁。

8. 懷愛倫，《教會證言》第一卷，原文 434 頁。

9. 章伯斯，《竭誠為主》（密歇根州急流城：Discovery Books, 1992）1 月 6 日。

10. 懷愛倫，《給傳道人的證言》（加州山景城：太平洋出版社，1923），第 169 頁。

第7章

建立禱告的殿
Building a House of Prayer

曾經風光的教會

當區會會長告訴我新的工作地點時,他說那是個「很棒的教會」,並且列出一長串曾在那裡發生過的、振奮人心的事蹟。既然是過去式,顯然已經風光不再了。原來這間小鎮教會約有 100 位信徒,如今只剩下「13 個忠心的生靈」。但當我心不甘情不願地在那所教會參加第一次安息日聚會時,才發現整間教會竟然連 13 個人都不到。我只看到 9 個人,不過如果算上我自己、我的妻子、兒子和我那還在她母親肚子裡的女兒的話,的確是有 13 個人。

我花了幾個月的時間試圖改變這一狀態，可是全無果效，教會仍然了無生氣。無奈之下，我打電話給朋友。「這間教會真讓我難以置信，」我告訴他，「難以想像他們上一次舉行洗禮是在20年前。這26年來他們都沒有舉行任何對外佈道活動。說了你都不信，我在這裡提出的每一項建議都被否決。」

我曾經提議應該準備聚會的節目單，但是他們反對說人太少根本沒有必要。我提出應該舉行一次聚餐，他們對此嗤之以鼻，因為彼此之間互看不順眼。他們厭煩做任何對外的活動，也不願意開兒童安息日學班，認為孩子太少。我所作出的所有嘗試都失敗了，束手無策幾乎要放棄了。

「你應該向約翰‧諾克斯那樣禱告，」我的朋友耐心聽完我喋喋不休地抱怨所遭遇的挫敗後說：「他禱告說：『主啊，給我蘇格蘭，否則我寧可死去！』」

「可是我還不想死！」我抗議道。捫心自問，我並不覺得贏得這個小鎮的勝算有多大，尤其當我想到教會裡這些教友的時候。

我的朋友堅信我並不會因此就陣亡，他一口咬定：「只要禱告！」

禱告的果效

　　小鎮位於山谷中，於是我開始一邊上山散步，一邊與上帝禱告交談。不過一想到教會的情形，我就垂頭喪氣。會眾少得可憐，基本上沒錢、沒精力，更沒有熱情。對當時的我來說，連早餐的麥片都比教會更能讓我開心！但是上帝為我們所有人準備了一個大大的驚喜。

　　在山谷中住著一位 80 歲高齡的老太太，名叫愛琳，是當地復臨教會中碩果僅存的 9 人中的一個。看起來她似乎是最不可能帶來什麼改變的人——畢竟她已經 80 歲了！而且，她所在的教會業已瀕臨衰退，資源貧乏，死氣沉沉。但是愛琳開始為她的鄰居，一個叫菲比的女孩子禱告。雖然只有 25 歲，但菲比卻是道德淪喪的典型例子。白天吸毒酗酒，晚上就與不同的人濫交。整個鎮上，她大概是最不可能來信上帝的人了。

　　擔任牧師一年多以後，我終於說服教友們舉辦一次福音系列佈道。為此我孤注一擲地向他們保證，如果這次佈道會毫無果效，那麼以後我再也不會要求他們去做任何事了。「您能寫個保證書嗎？」他們問我，表情嚴肅認真，絕不是開玩笑。

　　佈道會的首夜，9 位教友悉數到場——還多了一位。就在前幾

天一次外出打獵時，愛琳的鄰居菲比因為吸毒，竟意外用槍打中了自己的母親。她的母親雖然活了下來，但這件事讓菲比大受打擊。她知道她的鄰居愛琳一直在為自己禱告，於是就去找她求安慰。愛琳開導她，邀請她與自己同住，並且帶她來參加佈道會。就在這裡，菲比第一次聽到福音，並走向前回應決志的呼召。

第二天晚上，9 位教友依舊到場——另外還多了 50 個人！因被耶穌改變生命的福音所激勵，菲比打電話把她所有的親朋好友都叫來參加佈道會。上帝的作為讓我們驚奇不已，到了佈道會結束的時候，有 10 個人接受洗禮，教會人數一下子往上翻了一倍。上帝的祝福延續不斷。在我離開那所教會時，教友人數增加了 137 人——這次可不包括任何還在媽媽肚子裡的寶寶。

一位風燭殘年的老人所做的祈禱使得菲比的生活和整個教會發生了翻天覆地的變化。愛琳，沒有太多精力、沒有多少金錢，甚至沒有什麼特殊的才能，但上帝卻以大能大力回答了她的祈禱。當我向會眾講禱告的重要性時，坐在教會裡的 8 個人對我報以禮貌性的微笑，卻沒有人付諸行動，只有愛琳真的去做了！她緊緊抓住異象，憑著信念前行，就這樣單純地為菲比禱告，從沒想到竟會帶來如此奇妙的結果。

教會的復興不是靠許願、期待、抱怨，或者賣力地工作。它是

上帝回應禱告的結果，而我們還沒有學會這寶貴的一課。雖然我們
知道禱告很重要，但是我們還沒意識到它是最關鍵的一步。雖然我
們不斷談到需要禱告，但不幸的是，我們仍舊忽略了它在我們的教
會和生活中所有的力量。

三種教會

　　所有的教會在對待禱告和屬靈生活的問題上不外乎分為三種類
型。我們可以將第一種類型稱作**缺乏禱告的教會**。在這樣的教會中
可能也有禱告存在，可是它並不刻意強調禱告的重要性。不禱告的
教會也許每週舉行一次禱告會，在每個環節的開始和結束的時候獻

缺乏禱告的教會

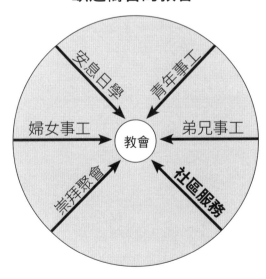

上禱告，在安息日學開始和結束的時候祈禱，以及在安息日早上崇
拜聚會的時候，至少會有牧養禱告和祝福禱告。然而，人們之所以
獻上禱告是因為流程就是這樣規定的——在安息日敬拜節目單上都
列得清清楚楚。

　　第二種類型是**部分禱告的教會**。它們肯定禱告的重要性，於是
將禱告的事工託付給一群被稱作禱告勇士的人來完成。所以，禱告
成為教會事工的一部分。雖然這樣的教會在某種程度上強調禱告的
作用，但大部分的會眾仍然沒有意識到禱告的緊迫性。在有禱告的
教會中，大部分信徒並不會懇切地多多禱告——他們相信自有其他
人會去做的。

部分禱告的教會

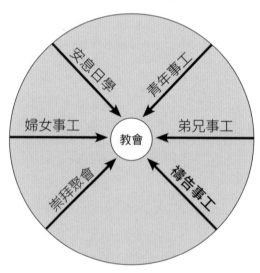

禱告的教會

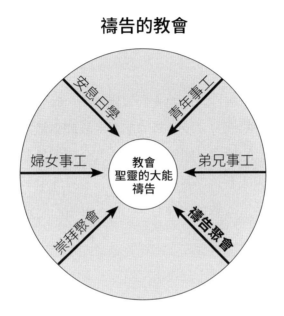

第三種類型叫做**禱告的教會**。此類教會特別重視聖靈與禱告的重要性，把它們作為每一件事的核心。會眾不僅會在每次聚會的開始和結束時禱告，而且會讓教會的每一項活動都沉浸在禱告的馨香和聖靈的大能之中。無論教會的氛圍或是文化全都關乎祈禱。因此，教會成為禱告的殿。

如此，禱告的殿就成為與上帝交通的聖殿。堂董會將變成禱告聚會，而禱告聚會本身則成為奉獻與頌揚的時間。信徒們看出自己

需要聖靈，他們迫切地祈求上帝：「若沒有祢，我們無依無靠。」
他們熱切地尋求上帝。

　　我四處旅行，舉行講座向人們宣揚祈禱、教會增長和屬靈的生
活。每到一個新的地方，認識新的朋友，我總喜歡問他們所在的教
會是哪一種類型的教會。顯然大部分的教會都屬於部分禱告的教會
（大約 80% 的復臨教會都屬於這一類型）。另外 15% 的人承認他們
的教會是缺乏禱告的教會，僅有 5% 的人說他們的教會是禱告的教
會。

　　95% 的教會認為禱告是無關緊要的事，或是專門有人負責的一項事工。因此 95% 的復臨信徒需要改變這種將禱告當成例行公事或眾多事工中的一種的刻板印象，教會應成為聖靈的殿，倚靠回應禱告的上帝。如何才能讓一所教會成為禱告的教會呢？

　　你可以為上帝的事工所做的最重要的事——就是禱告，為你的教會、教友、社區，以及至少五個你希望帶到上帝面前的人而禱告。

建立禱告的殿

　　1. 建立熱衷於禱告的領袖層。首先，教會的主要領袖（尤其是牧師和第一領導階層）必須認定，禱告是唯一的選擇，不管作為個人或領導層的一員都必須對此身體力行。他們必須要熱愛上帝，真正與祂同行。他們的生活必須彰顯出對上帝全然的信賴。接著這些領袖必須開始為他們的教會禱告，祈禱一群志同道合、充滿熱忱的基督徒的湧現。在每個教會你都能夠發現一群人，他們真正能夠認識到禱告的重要性——教會的領袖必須是這一類人。只有熱衷於禱告的領袖們才能建立起禱告的教會。

　　2. 灌輸異象。教會的最高領袖以及所有安息日學的教師都必須利用任何可能的方法將禱告的異象灌輸給信徒。佈道、見證、故事、安息日學、口號——用盡一切辦法加強這種觀念：一切取決於禱告，

上帝會通過回應我們的祈禱成就偉大的事。這就要求在強調這一信息的時候富有創新性，才可保持新鮮感，使禱告的話題始終掛在人們嘴邊。盡可能使用各種不同的方法來激發、鼓勵會眾，使他們與上帝連結，凡事依靠祂。

對於成功灌輸禱告的異象，其關鍵在於要使每一個部門的每一位領袖都從心底認定它。這樣在他們的領導下，禱告的聲音必定充滿整個部門，貫穿於他們的事工。安息日學的教師必須每週都強調禱告的重要性，長老也必須向那些接受查經學習、探訪、接待和管理的人強調這一點。所有的執事也應在他們的服事中貫徹這一點，直到每一次的溝通、每一次的活動都以禱告為中心。每一位負有領導之責，或分擔事工的人都必須成為鼓舞的泉源，激勵人們與上帝溝通，更熱切地禱告。

因此，**牧師和主要領袖的職責是要鼓勵會眾禱告，但其關注的焦點在於第一領導階層**。第一領導階層的領袖不僅要激勵會眾，還要特別鼓勵第二領導階層。而這些領袖也需如法炮製，利用每一個機會將禱告的觀念灌輸給會眾，直到教會中的大多數人都被教導、受鼓勵去禱告。

剛開始的時候，人們會報以熱情：「我們很喜歡這些道理。」大約兩年之後就會到達下一個階段：抵制。這時信徒們開始對不斷

強調禱告表示厭煩：「我們真的需要換換話題了！」教會在這個階段會保持一至兩年的時間，千萬不要放棄！不要鬆懈，要繼續強調禱告與聖靈。第三個階段是最為重要的階段。那時人們會意識到：「禱告是我們生命的全部。」這樣算來，大概需要四至五年的時間才能到達這種程度，但一切都是值得的。這時的教會可以稱得上是禱告的殿了！許多牧師和領袖在尚未到達這一步前就失去了信心，要堅持禱告。上帝會保佑你，你的教會最終會充滿禱告的聲音，享受聖靈與之同在，在這個敞開的舞臺上，上帝將會彰顯祂的慈愛和能力。

　　3. 教導人們如何祈禱。 大多數基督徒禱告的時候都會按著一張願望清單。「主啊，求你保佑我，保佑我的家人。上帝啊，求你賜給我這個，那個我也想要。」因此教會屬靈領袖的當務之急是要教導會眾每天如何與上帝度過富有意義的 1 小時。要告訴他們禱告是向上帝表示敬拜和讚美，要享受上帝同在的時刻，祈求寬恕並勝過罪惡，祈求上帝感動那尚未尋得真理之人的心，並因上帝滿足我們，我們家庭和教會的需要而獻上感謝與祈求。

　　要向人們展示每天如何做有意義的敬拜，也包括家庭禮拜和集體的敬拜。每一次的展示都要有針對性，要觸動人的心靈，並為他們的需要禱告。當有禱告得蒙應允時，要在教會中強調這一成果，提醒大家上帝正在他們中間作工。

接著還要幫助他們理解為何上帝對一些禱告並無應答。以下是一個簡單的方法，也許會幫助我們擺脫因似乎沒有答案的祈禱所造成的困擾。

當你的要求錯了的時候，上帝說：「不行！」
當時機不對的時候，上帝說：「且慢！」
當你犯錯的時候，上帝說：「你需要成長！」
當一切就緒時，上帝說：「讓我們開始吧！」

4.堅持到底。在教會裡任何一個話題或重點過不了多久都會黯然失色。人們最初的熱情將會消退，就不會再像先前那樣熱切地禱告。這樣的例子屢見不鮮。一開始大部分的教友都會積極地投身於禱告之中，不過最終熱情都消失殆盡。以下是教會失去禱告熱忱的幾種原因：

- 對於禱告的強調力度減弱，緊迫感隨之消減。
- 那些有代禱恩賜之人被賦予禱告的職責，教會的其他人則自感免除禱告的責任。
- 遵守儀式的感受取代了超然的感受。
- 人們很少追問禱告的結果。
- 禱告與敬拜的經驗無法連結。
- 禱告的重點已經從未進入教會及脫離教會之人的需要，逐漸

　　轉移到會眾自己身上。

● 人們漸漸忽視禱告與傳福音之間的聯繫。

　　最初試著強調禱告的重要性時，我第一次發現了這種模式。在將禱告作為工作重心的第一年，我以禱告為題進行了八次佈道，結果是人們無時無刻不在討論這一話題。其中的一次講道以代禱為主題，我強調了禱告與服事他人。大約兩週後，一位女教友告訴我這次的講道改變了她的生活。幾年前她與另一位教友鬧僵了，兩人其實是多年的好友，過去的兩年半中她們都不搭理對方，不過聽了這次講道後，她開始採取代禱的方法，並且上帝使她堅信應該為這位從前的密友禱告。一開始她挺抗拒的，不過最終還是降服於聖靈的感動。上帝使她的心愈發柔軟，於是她找到她的朋友，二人和好如初。

　　有一段時間，我不斷地從教友的回饋中聽到許多類似的故事。不過到了七八月份，回饋的聲音已經消失了。我這才恍然大悟，原來已經有四個月的時間我沒有再強調禱告這件事了。於是我決定，儘量在每一週用不同的方法，通過講道、與會眾分享見證或講故事等方式來強調禱告之重要——想方設法、竭盡所能。

　　除了激發會眾的重視之外，我開始祈禱上帝在我們中間成就非比尋常之事。有一年我們祈求可以有 30 個慕道友受洗，結果上帝給

了我們 36 個。第二年我們想要 50 人受洗，上帝為我們預備了 57 人。還有一年我們祈禱能有 100 人受洗，上帝帶給我們 99 個。有一年我們陷入絕望的困境中：我們急需約 13 萬美金的費用，因為教堂太大了，必須建防火牆，否則消防局將不允許我們開放。那一年，主為我們預備了整整 13 萬美金——在人看來這是不可能完成的目標。這些事情讓我的會眾們真切地看到上帝就在他們中間作工。

請為上帝在你們中間成就令人驚歎不已的事獻上禱告：為有多人受洗禱告，為償還債務禱告，為新的教堂禱告，為那些你知道若沒有上帝的大能絕不能完成的事禱告。要不斷地要求上帝去成就偉大的事。我知道祂會這樣做的。

「當將你的需求，你的喜樂、憂愁、掛慮、懼怕，一一擺列在上帝面前，莫以為上帝擔當不起你的擔子，莫以為上帝會感到疲乏……我們每有憂心的事，都該告訴祂。祂是治理天地萬物之主，支撐宇宙的神，沒有擔當不起的事。凡與我們的平安和幸福有關的事，祂無有不注意的。我們一生的經歷，沒有一件祂不願明鑒，我們的困難祂沒有一樣不能排解。」*

5. 為祈禱提供機會。 在這個快速發展的時代，行程滿滿的時間表使人忙得不可開交，因此將所有禱告工作集中放在一個時間或地點是行不通的。許多教會以週二或週三晚上參與禱告會的人數作為

衡量禱告事工果效的標準，但是對於人們來說，在一個特定的時間
來教堂參加週間的服事是很困難的。因此，有必要向人們提供多個
時間和地點來禱告，與上帝交通。

　　有一些小組也許會相約在安息日早晨 7 點到 8 點做禱告。教
友們若是想要禱告或是期望別人為其代禱，都可以在聚會結束後進
行。在進行安息日學的時候可以禱告，細胞小組也可以成為禱告的
團契，並且教會也應當考慮在一週內為教友開放多個時間段來禱告：
週日早晨、週二中午、週四晚上──符合你教會需要的任何時間。
不僅可以在教堂禱告，也可以在家裡、餐廳、公園、書店和咖啡館
禱告──如果可能的話，甚至在市場也可以。

確實可行的禱告措施──

①祈禱對上帝有更深的渴求。

②求上帝將禱告的擔子賜予其他人。找出一組熱愛禱告的人，能夠在禱告的活動中擔任領袖的職分。

③教會應任命一位禱告協調員或禱告幹事，為禱告的工作制定計劃、安排流程及次數。其主要任務就是要使禱告的異象始終擺在人們面前。

④促使禱告與教會各項計畫相結合，例如各樣事工、活動、當地復臨學校的工作以及福音系列節目。

⑤定期刊印並分發教會禱告名單。

⑥要重視並為尚未得救之人代禱。將目標定為至少一半的會眾為他人代禱。

⑦不要只進行一週一次固定的禱告聚會。根據年齡、機構、任務和需求（為病人祈禱，針對特定族群設立的事工，學生，佈道士等等）制定一整套禱告會計畫。

⑧以著重強調禱告為目的，計畫特別節目。以下列舉一些方式：

- 在你的教會舉行一次禱告大會。
- 每年舉辦兩到三次禱告退修會。
- 舉辦禱告愛宴。
- 每年至少一次，以禱告為題進行一系列佈道會。
- 以禱告為主題，提供小組聖經學習或安息日學課程。
- 每個月分別為兄弟和姐妹舉辦祈禱早餐會。
- 在聯合聚會的時段，每兩到三週安排有關祈禱的見證。

6. 著重為尚未得救的靈魂禱告。 如果教會期望接觸社區並體驗真正的國度增長，就必須有意識地去做代禱的工作。向會眾們發出挑戰，鼓勵他們為所關愛卻尚未得救的人禱告。每一位信徒每天至少為 5 至 10 人禱告，為他們服務，關心他們。藉著上帝的大能和友愛的影響，他們其中一些人會來到上帝面前，並加入教會。

7. 強調透過祈禱贏得勝利。 若沒有發自內心的禱告，無論戰勝罪惡或是魔鬼都是不可能的事。若沒有從上面而來的力量，想要享受美妙的基督徒生活是毫無希望的。得勝的生活實際上是在禱告上得勝。許多基督徒沒有體驗到這種美妙的生活是因為他們沒有足夠的祈禱。

但是得勝的禱告是上帝對我們的旨意。這種得勝是指在困難面前不退縮，要完全掌控、克服並取得成功。得勝的禱告是跨越所有困難和障礙的祈禱，是擊退撒旦一切反對力量的祈禱，是確保上帝在世上的旨意得以實現的祈禱。這樣的禱告不僅要積極主動，還要持續為上帝進攻直到贏得屬靈的勝利。軍隊前進是靠著雙腳，但上帝的教會前行則要靠敬拜的膝。

在我們的採訪對象之中，其中一位牧師談及他在教會中所擔負的主要角色時說道：「一週之中，我與上帝談關於教友的事，不過在安息日的時候，我與教友談論關於上帝的事。」另一位牧師認為

牧養工作的核心就是禱告，並幫助會眾學會禱告。還有一位牧師說，他的角色就是要透過禱告的力量，將男女老少帶到上帝的面前。不過還有一位牧師說，領袖的作用就是要使教會成為萬民禱告的殿。

現在我向你提出挑戰，藉著禱告的力量，評估你在各樣事工中作為領袖以及作為成員的角色。我督促你要回應上帝，要更加瞭解祂。這需要你付出努力，將其擺在首位，甚至必要時作出犧牲——沒有任何回報能比我們跪下祈禱所得到的更豐厚了。在祈禱中前進吧！

＊懷愛倫，《喜樂的泉源》，原文第 100 頁。

第四部分

忠心又活躍的平信徒

Committed and Active Laity

　　當信徒對耶穌基督賦予我們的大使命充滿熱忱，並積極地與他們周圍的人分享上帝的大愛時，教會才會經歷真正的成長。然而，從研究中我們發現 66% 的教友一生之中都沒有為耶穌贏得任何人。信徒極少參與傳福音的工作可能是由於靈性軟弱，缺乏異象，害怕被拒絕，生活繁忙，輕視傳統的傳福音方式（例如挨家挨戶傳福音或是其他面對公眾的方式），福音工作的專業化或是懷疑人們是否對福音、尤其是我們獨特的信息感興趣。有些人甚至提到他們當地的教會就覺得尷尬。本書的第四部分嘗試扭轉這一趨勢。

第四部分共分為四章，主題如下——

第 8 章：多數教會缺少的要素

第 9 章：世界上最有成效的佈道士

第 10 章：連鎖反應：家庭佈道法

第 11 章：渴望改變：今天我們所面臨的挑戰

第 8 章講述做見證的內在動機。大多數基督徒不參與傳福音的工作，正是因為他們缺乏這一條件。仔細閱讀並對照自己：有多少內在動機？如何獲得更多？並且如何幫助他人做到這一點。

第 9 章解答了一個問題：「誰是世界上最有成效的佈道士？」答案也許會使你大吃一驚。

第 10 章是有關家庭佈道的聖經原則，以及它如何作為福音工作的核心，亦是傳福音最有效的方式。

最後一章講述了我們利用安息日早晨，在許多復臨教會中做了問卷調查，從中發現了幾種令人不安的趨勢。本章的核心議題是為了教會的健康和成長，我們應當作出的改變。當教會中的每一個人都能同心合意、相互配合時，才能出現轉機。

第 8 章

多數教會缺少的要素
The Missing Ingredient in Most Churches

位朋友與我談起上週她和丈夫間的一場爭執。他們當時正在去家庭聚餐的路上，為要慶祝他妹妹四十歲的生日。他們早已約定先到教會參加聚會，等祝禱結束後，和朋友們打個招呼就儘快離開，以免遲到。當他們上車駛向妹妹家時，丈夫輕聲責備道：「親愛的，已經 12 點 44 分了！你還說今天我們要儘快離開。」

她不服地說：「可是祝禱結束後我們只待了 15 分鐘啊。時間根本不算長。再說，我們倆太喜歡這個教會了──你知道的！我們很難離開的。」

　　我的朋友和她的丈夫非常熱愛他們的教會，夫妻倆也非常熱心，每個安息日都要開 45 分鐘的車來參加聚會，還要花 45 分鐘參加堂董會、獻嬰禮和查經班。他們大老遠來並不是因為他們家附近沒有教堂。他們之所以願意長途跋涉、早到晚歸是因為他們對這教會的忠誠。在這裡他們擁有一個充滿愛的群體，使他們感到快樂，一來到教會就興致盎然。

　　在我們到興旺的教會採訪教友的過程中，我們注意到凡是健康、壯大的教會都有一種特點，這是停滯或衰退的教會所沒有的。這一特點就是熱忱，而大多數教會都沒有表現出足夠的熱忱。本章中我會使用「熱忱」和「興奮」作為同義詞。簡單來說，熱忱就是化信心為行動。這是一種得知上帝賜予這個世界的福音之後，歡喜快樂自然而然的表達，它從對上帝的愛與崇拜中產生，又滲透在我們向周圍的人分享上帝的熱情之中。

　　身處於持續增長的教會的信徒會為上帝、為他們的教會、為與他人分享其信仰而感到激動不已。他們因自己的教會深感榮幸，渴望帶他們的親朋好友一起來，深知他們會因此蒙福。對於這些人來說，去教會是一件非常快樂的事，他們願意與他人分享。

　　在教會增長運動剛剛起步的時候，唐納德‧馬蓋文的書《神的橋樑》介紹了這一概念，書中對此特點說得十分透徹：「**有關教**

會增長，最佳解釋就是人們對上帝和他們的教會充滿熱忱。」這是半個世紀以前的名言，而如今依舊適用。[1] 當我詢問復臨教會的牧師有關教會繁榮興旺的祕訣時，他們告訴我，關鍵在於人們的熱忱：他們為自己的教會興奮激動，並將他們的教會推薦給自己的朋友。

熱忱的教會文化構成七要素

熱忱的情緒是什麼原因導致的呢？我們的研究結果表明，至少有七種因素促成人們對其教會充滿熱忱。

1. 福音的經驗。當人們愛上耶穌時，心裡就發出喜樂、意義和激動之情。當我們感受到上帝的同在時，便熱血沸騰，無論祂吩咐我們做什麼我們都樂意去做。熱愛耶穌的人們已經走遍了整個世界，為要向別人傳揚祂的故事。他們甘願冒著艱難險阻，忍受逼迫和困境。有些人甚至為了祂的緣故獻出自己的生命。上帝的福音鼓舞、激勵著我們向周圍的世界分享耶穌。

2. 投身於一項事業。作為人類，我們渴望成為比自身更偉大事物的一部分，以表明我們能讓世界變得更加美好。作為基督徒，我們將上帝的國度作為畢生奮鬥的事業，我們的付出使他人的命運得以經歷永恆的變化。不管我們做什麼來事奉上帝——教導安息日學的課程，探訪臥病在床的人，為無家可歸的人服務，帶領崇拜，分

享聖經——我們是為了榮耀上帝，為了將希望、恩典、上帝的同在、永恆的生命帶給他人。熱忱的會眾明白他們所做事工的意義。

3. 愛與接納。在教會中充滿著愛、接納與饒恕的精神。無論教會中人或是世俗之人都能感覺到愛的存在。教會滿溢著歸屬感與親切感。在這裡人們可以暢所欲言，即使觀點不同也不會因此受到責難。他們知道，即使衣著風格不同，吃喝習慣不同，外表似乎也不同，他們仍然會受到接納，甚至被關愛。日漸增長的教會面臨首要問題，就是要愛神、愛人。

4. 溫馨喜樂的氛圍。一個充滿愛與接納的環境會孕育出滿有溫暖、喜樂、關愛、幸福的氛圍。在一項以北美復臨教會高中生為研究對象，調查年輕世代信仰與價值觀的報告「Valuegenesis」指出，年輕人最期望從他們的教會中獲得的是一個充滿溫暖和愛的環境。他們希望對一個地方產生歸屬感，在那裡他們感到被愛和接納，受到挑戰，卻又有安全感。

5. 高舉上帝的敬拜。充滿熱忱的教會信徒之所以盼望著去教會，是因為他們知道上帝將在那裡與他們同在，賜下祝福，並在他們中間成就偉大的事。稍後，我會用一整章的篇幅來講述高舉上帝、尊榮上帝的敬拜經驗。

6. **富有意義且相互關聯的事工。**蓬勃發展的教會所做的所有服事都出自於他們的靈性與關顧。從安息日學到兒童事工，從社區服務到牧養工作，教會的事工應該是富有意義且相互關聯的。教會應集中精力，全力以赴，努力滿足信徒和慕道友的全部需要。

7. **卓越感。**[2] 成功的教會不斷地盡一切可能地來榮耀神，並且激勵人。信徒會因他們在事工上的卓越表現而信心滿滿，也願意邀請朋友和家人一起來聚會，因為他們曉得教會所提供的服事是值得驕傲的一件事。

你的教會在這方面表現如何呢？有沒有感受到激動和喜樂？弟兄姐妹是否對擁有與基督同行的經驗激動不已，並且熱衷於與他人分享信仰？

當然，你也許也有一些問題要問我。很有可能你的教會需要更多一點的喜樂與興奮。「沒錯！」你說，「怎麼才能做到呢？你還想讓我做什麼神蹟奇事呢？」

我承認這種興奮的感覺很難產生，因為它關係到在教會中全面的感受；但是這仍是使得教會增長，並且保持這種增長情境的重要因素。打造一個充滿熱忱的教會固然很難，但並非不可能。帶著上帝的祝福，有了堅定的意志，就一定可以實現。

激發熱情的十種方式

想要擁有一個不斷成長、充滿喜樂，凡事榮耀上帝，並引導人們進入上帝國度的教會，就必須在會眾中打造熱情洋溢的教會文化，它具有七個特徵。從紙上談兵到付諸實踐，你可以採取哪些步驟，開始在教會大家庭中建立這七個特徵呢？以下有十種在信仰團體中、牧養教友可行的方法，是根據許多不斷成長的教會在激發信徒熱忱方面的實踐經驗編纂而成的。

1. **禱告**。當你禱告的時候，喜樂、友愛、信心、期望將會如活泉般湧流出來。祈求上帝給你和教友的生活帶來極大的興奮感及勝利感，這種情緒會蔓延至社會服務之中。不論你是誰，你都可以禱告。

2. 擁抱屬靈生活。 人們的靈性越好，就越會為上帝和教會而感到激動，就越樂意與他人分享信仰。那些熱愛上帝的人願為榮耀祂、讚美祂而赴湯蹈火。因此，他們是那些站在事工和福音工作第一線的戰士。因此，你的工作就是要建立健康向上、以基督為中心的屬靈生活，與喜樂熱忱的教會文化相得益彰。

3. 激發以信心為基礎的樂觀態度。 它能激發盼望、承載快樂、戰勝困難。我們所講的並非關於靈性，而是要培養一種積極的心態。儘管會有人認為積極思維的某些元素是屬世的或人性的，但我們所探討的是以信心為基礎的希望和樂觀態度，它之所以有效，是因為上帝在其中掌權。假如你認為你可以做到，你說的沒錯：上帝將會使其成為可能。但如果你認為你不能做到，你也沒說錯：若沒有上帝的幫助，你確實沒辦法做到。

從研究中我學到最為深刻的道理是，我們的思想像一塊田地，你在上面撒什麼種子，它就會長出什麼。你若在田裡種草，那一定會變得雜草叢生；若你種上玉米、棉花，或其他什麼，自然是種瓜得瓜，種豆得豆。同樣，你的思想也是一樣。如果你散播消極的想法，那麼你收穫的必定是消極的思想，反之亦然。

作為屬靈的領袖，幫助人們抱持基於信心的樂觀態度是你的任務之一。因為他們心怎樣思量，他們為人就是怎樣（箴言 23：7）！你們祈求，就給你們；尋找，就尋見；叩門，就給你們開門（馬太福音 7：7 － 8；路加福音 11：9 － 10）。它也許不能保證人的健康、財富或名望（正如有些人聲稱），但它的確指向一種平衡的生活方式。這種樂觀並沒有忽略這個世界實際存在著悲傷、心痛、罪惡、疾病和痛苦。相反的，它意味著在正確認識這些問題的同時，相信上帝必能使我們超越這一切痛苦。生活中的幸福體驗絕大多數取決於態度問題。許多百萬富翁往往活得痛苦，反倒不如那些薪水正好滿足生活所需之人得快樂。基於信心的樂觀態度對於營造興奮感至關重要，並且當領袖們站起來擔負領導職責的時候，他們的態度必須是積極向上的。這樣基於信心的樂觀情緒將會影響到教會一切的事務，從事工到佈道，從見證到個人生活。

在我剛開始擔任牧師的職務時，我學到一個教訓。那時有人認為我沒能好好地滿足教友的需要，這話傳到我耳朵裡。但對於我這

根本是無稽之談，因為我知道我所做的就是傳揚福音。你根本無法想像我有多麼喜歡保羅，我覺得自己做的其實不錯！真不明白這些批評我的人有什麼根據。

後來有一天，當我坐在辦公室裡時，我問自己：「你所講的道真能幫助任何人嗎？它能鼓勵任何人嗎？它能使人的生命得到提升嗎？」當我以此作為標準預備講章時，我立刻發現其中的差別。在我第一次作牧師的時候，我實際上是對會眾們說，「毒蛇的種類，誰指示你們逃避將來的忿怒呢？」（馬太福音 3：7；路加福音 3：7）。我根本沒有意識到以前的方法是多麼消極，多麼缺乏正面積極的鼓勵。打個比方，來到教會的人其實都是奮力爬進來的，因為他們被這個世界打壓得幾乎毫無還手之力，可能已做好隨時放棄的準備。他們看著我，好像在說：「牧師，你今天有什麼安慰的話要對我說嗎？看著我的生活糟糕透頂了，上帝有什麼話說嗎？你有任何充滿希望和鼓勵的話可以讓我打起精神來嗎？」

　　有了這個教訓，我開始選擇類似「我的恩典夠你用的，因為我的能力是在人的軟弱上顯得完全」（哥林多後書 12：9）的經文來宣講。也許有人會指責說我妥協了，責備我沒有宣講完整的福音。其實並非如此，我還是會宣講有關罪和聖潔，人類的墮落和審判的信息。我依舊會論到獻身及克己，但不會長期以同樣的方式談論。每逢安息日，我都會問自己同樣的問題，來檢測我的講道是否對人有益。

　　從前，我告誡人們要變得更優秀、更努力地為上帝作工。如今我開始對他們說：「能服事上帝是何等美好的事。你所有的一切祂全都知曉，祂會賜予你力量去面對。」我一遍又一遍地告訴信徒們，上帝愛他們，並且愛得癡狂。這就是我所說的要從講臺散播出樂觀的態度，要突顯積極的一面。

　　我所學到的原則，人人都適用。無論是牧師、安息日學教師或是其他任何人，只要你帶著熱忱、真誠與關切的態度來服事，就一定會有所改變。應將其付諸實踐，在佈道、教學、事工、傳福音上予以應用。無論你做什麼，都要為榮耀上帝而行。

　　4. 滿懷熱忱地作工。這樣能提升人的靈性，且富有感染力。要做到真誠，充滿熱忱。我從持續增長的教會牧師身上學到的是，當你走上講臺的時候，應該顯出迫切的樣子，彷彿站在這裡是件非常

有價值的事情。我經常看到牧師步履沉重地走向講臺，好像對它充滿畏懼。如果你想要營造出興奮的感覺，你必須先要熱情，講道也要激情洋溢。

「這不是我的風格！」你也許會提出異議。那就要盡可能地表現出熱情。耶穌對我們的愛驅使著祂放棄所有一切，為我們死在十字架上，若是我們能深刻理解這深沉的愛，就必定會從心裡迸發出熱情。在開堂董會時，人們一提到運動、金錢、孩童或有爭議的話題都會感到興奮不已，那麼對於重視我們的性命過於自己生命的耶穌，我們應該報以何等的熱忱。

菲尼亞斯・F・布雷西曾說：「如果一個人失去了熱忱，就無異於死去。」他清楚缺乏熱忱是「推進上帝工作的最大阻礙之一」。此外，他甚至曾表示缺乏熱情「確實顯明屬天的異象已經變得模糊不清了」。[3] 有些人認為熱情是一種屬世的、虛假的情感。事實恰恰相反。英文「熱情」（enthusiasm）一詞源自兩個希臘文單詞，意思是「上帝在你裡面」。[4] 難道「熱情」的產生還有比「上帝在你裡面」更好的源頭嗎？實際上，熱情正是化信心為行動。這是一種得知上帝賜予這個世界的福音之後，歡喜快樂之情的自然流露。

5. 為信心設定現實的目標。 目標會使人們為之興奮、奮鬥和期待。大多數人都想嘗試做偉大的事情，若有成功的可能，他們會異

常興奮。一個偉大的目標，需要付出特別的努力和接受屬天的幫助。它應該高於你利用當前手中的資源所能達到的程度，但若是異想天開，又會使人喪失信心。

6. 教會工作的屬靈化。在你與他人所有的交流中，要明確指出教會的作用就是拯救靈魂，重塑生命。不論是在講臺上，或是教會通訊裡，無論是電話交流或是開堂董會，要不斷地提醒人們他們所做的並不僅僅是為了增加信徒的人數或建造教堂——他們所做的是上帝的工作。每一項事工都是要引領人們到耶穌跟前，使他們的生命有永恆的盼望。

當你閱讀那些充滿激情的教會事工信息時，就會發現所有的一切都以靈性為導向。他們所做的不單單是籌款——他們呼籲信徒為上帝預備一份大禮。他們也不是單單建一座房子——他們要盡好管家的職分，為那些將被贏得的人提供一處安心之地。教會的領袖們可能會這樣教導，「你們收入的十分之一是欠上帝的，另外再捐出二十分之一來幫助我們做我們想要做的事情。」人們若聽了這樣的話，也許會抱怨並抗議，因為他們沒辦法這樣做——他們自己也有許多帳單要付。但如果教會的領袖換一種說法：「奉獻是表示你對上帝的愛和忠心。上帝正在這世界上行奇妙偉大的事，祂當然也可以賜福你。奉獻是關乎你對上帝的愛，是你生命中的頭等大事。我們正在為上帝盡心做偉大的事，你也有機會共同承擔這了不起的工

作，你可以投資在上帝的國度中。」這樣人們的反應就會截然不同，他們願意將所擁有的資源投入到這樣偉大的異象之中。

有一次去拜訪一所增長迅速的復臨教會，我遇到了一位牙醫，他深深地愛著上帝、教會和他所在的社區。我問他在教會裡做什麼事工，他告訴我他負責管理教會的音控系統。一說起這個，他變得異常興奮起來，開始滔滔不絕地講述他所做的工作，就是要使整個音響系統有效運作。「我每週都要來教會幾次，檢查這些設備，確保不出問題，因為安息日早上的敬拜可是關乎生死的大事。」他停了停，又接著說：「不，不是的！這是有關永生和永死的大事。」聖靈打開了這位牙醫的眼睛，使他看明他在安息日早上音響台前所做的事奉，其結果有著永恆的價值。我祈求我們所有的人都可以明白我們如今所做的並不單單是教授安息日學課，或是帶領前鋒會的事工，或是將食物分給有需要的人，而是在我們所能觸碰到的生命中產生永恆的變化。

聖經中寫到，無論何事都要為榮耀上帝而做。凡你所做的，若其目的與促進上帝的榮耀與頌讚之間毫無關係，那麼從一開始就應放棄不做！

7. 為勝利和成功而慶祝。 想要營造充滿興奮和虔敬熱忱的氛圍，這一點是至關重要的。每一次有新人得救，就要在教會服事中

予以特別的關注。或者當有人有重要的祈禱得到應許，就要在公眾會議和教會通訊上告知會眾。幫助人們感受到自己的教會正在發生一些事，不斷有美好奇妙的事被成就。你無需添油加醋——只要指明上帝在你們中間正在做什麼。從我們所研究的增長的教會中，我們發現他們會為了洗禮、獻嬰禮、慷慨的奉獻、健康成長，各種勝利和成功而慶祝。許多人甚至在年底拍了短片，以彰顯上帝在他們中間所做的一切事。

8. 關懷人們的需求並幫助他們。 我敢斷言如果參加聚會的人，知道教會正確實地做一些幫助人的工作，不論是提供食物、衣服，或是幫助人們克服個人的困難，那麼他們中的大部分人都會對這個教會刮目相看。在這裡，關愛、接納、寬恕都是必不可少的。雖然你不需要去容忍他們的問題或罪惡，但你所要做的是愛他們。你需要按著他們原本的樣子接納他們，並且你需要原諒他們所犯的錯。當你將精力放在滿足人們的需要上時，你會發現即使是那些從不指望教會去做除了傳福音之外的任何事的人，也會被打動，知道他們的教會是真正幫助人的。

9. 計畫精彩的活動。 我們有 52 個安息日早上的崇拜聚會和 52 個週三晚上的聚會活動，都是在和同樣的人一起做同樣的事——隨著時間的流逝，參加的人會越來越少，事情漸漸會變得乏味無趣。所以要策劃一些精彩的活動，採取多種方式，挑戰人們參與不同的

事務。這樣人們就會說，在我的教會裡，從沒有哪兩次的聚會是相同的，並非所有人都能適應花樣百出，不過還是應該適當作出一些改變，使人們保持一種期待感。

還有一種能激發人興奮之情的方法，就是時常邀請不同的主講者和專業的音樂家參與崇拜。它能給人帶來新鮮感，使人心情愉悅。在你真正有能力在意義重大的聚會中使用這一方法之前，可能需要先使教會發展壯大。屆時，你可以採用這樣的方法，使你的教會時刻充滿激情。

10. 舉行鼓舞人心的崇拜聚會。其實並不需要以外在的形式表現出情緒上的波動，但是要使信徒們有所感觸。崇拜聚會必須與你的個性相符，也必須反映出信眾的特性。舉辦這樣的聚會也應根據你手頭所能支配的資源。如果有人能「唱得榮耀降臨」，那當然棒極了！如果沒有，就充分利用信徒的各種優勢進行別的節目。

你一定可以在當地的教會實行以上一種或兩種建議來營造出熱忱的氛圍。當竭盡全力，這是絕對值得的。當教會變得快樂積極，有越來越多的人被帶到上帝面前，沒有什麼事能比得上看到人們湧進教會，將自己全然獻給耶穌更令人喜悅的了。

當人們感受到上帝的愛，祂的恩典環繞他們，並透過他們賜福其他人，興奮之情終將產生。當教會真正變成一個安全溫暖的地方，熱忱將如影隨形。信徒將會享受在這裡的時光，也渴望邀請其他人前來，並願意做更多的服事。

在研究增長的教會與衰退的教會之間的差異時，我們總結得出，後者的教友們對他們的教會的態度既不褒也不貶，或是羞於提起。相比之下，前者的教友則為他們欣欣向榮的教會而倍感驕傲榮幸，在這裡他們舉行敬拜、參與團契活動，對牧師發自內心的愛戴，並且渴望參與安息日學和崇拜聚會。歸根究底，他們為上帝而感到自豪，是祂在他們中間，為他們成就不可思議的事。

我的車和我的激動之情

幾年前，我的妻子需要買一輛車，所以我們出門去尋找心目中完美的愛車：車齡一年，行駛不超過一萬英里，附頂級配備，價格在 5 千美金以內。結果，我們沒能找到符合條件的車，不過卻發現了另一部漂亮的豐田 Camry，車齡只有四年，基本配置齊全。我的妻子心儀這輛車，於是我找到經銷商詢價。「買這輛車您算是賺到了，」他對我說，「只用了四年，跑了 10 萬英里多一點，不過大多是公路里程。我給您一個好價格——只要 9 千多美金。」

「謝謝，不過我可沒有 1 萬塊，」我回答：「我只有 4 千多。」他提議可以辦理貸款買車，我告訴他我們一向買東西都是付現，且一次付清。

正當我們準備離開，他叫住我們，請我們稍等，說他去和經理談一談。大約 20 分鐘後，他出來說：「我的老闆真是瘋了！他願意以 8 千元賣給你們。」

「可是我們沒有 8 千元──只有 4 千。」

「吉德爾先生，4 千元我可沒辦法賣給您。這車值一萬多元呢！不然我再去問問老闆，看有沒有什麼辦法。」又過了 20 分鐘，他回來了。「老闆肯定特別喜歡你們。7 千美金，他願意賣給你們。」

我再一次告訴他，我們真的只有 4 千元。就這樣來來回回，我們在店裡從上午 11 點一直待到下午 7 點。7 點一過，我就開上了新買的車，只付了 5 千美元左右。

告訴你吧！這事讓我興奮極了！這交易簡直太划算了，以至於我一見到認識的人就迫不及待地告訴他們這件事，在我講課的時候也分享給聽眾，甚至圍繞這件事準備了一篇證道。實際上，我講了太多遍，以至於後來發現人們開始躲著我了：他們知道只要和我打招呼，就一定會再聽一遍我買車的故事。

如果一筆 5 千元的買賣就能讓我如此興奮，重複說上一千次都願意，那麼當我們面對永恆的生命時，又當何等激動呢！在髑髏地的十字架上，耶穌與我作了一筆交易，祂給了我充滿喜樂、目標和希望的生命，除此之外，祂還給了我永恆的生命。當我們真正明白耶穌為我們所做的一切時，我們就會將祂擺在生命的中心，用盡我們所有的激情與熱忱向這個世界分享祂的故事。

附註：
1. 比爾‧M‧沙利文，《十步打破 200 道屏障》（密蘇里州坎薩斯城：筆架山出版社，1988），第 73 頁。
2. 作者會在〈你所渴望的敬拜經驗〉這一章進一步地闡釋這一主題。
3. 同 1，第 73 頁。
4. 同 1。

世界上最有成效的佈道士

The Most Effective Evangelist in the World

在有關教會增長和傳福音的培訓講座上，我經常會以「誰是這個世界上最有成效的佈道士？」這一問題作為開場白。聽眾給出的答案全在我的意料之中：道格·巴契勒、沃爾特·皮爾森、馬可·芬利、亞力山卓·布利翁、德懷特·尼爾森、肯尼斯·考克斯等等。但是當我問在場聽眾，通常人們是透過何種途徑找到上帝並來到教會中時，答案就五花八門了。我在一張表格上羅列了一些方式，要求觀眾們猜一猜每一種途徑能為上帝和教會帶來的人數比例。

- 特殊需要（例如疾病、離婚、孤獨、失業等等）
- 偶爾走進教會的人（住在附近、未經邀請的人）
- 牧師
- 挨家挨戶拜訪

- 安息日學
- 佈道會
- 教會節目（健康講座、假期聖經學校、學校、前鋒會等等）

大多數人認為 90% 進入教會的人是因為有需求。有人堅持認為因探訪而到教會的人數占了 60%。也有人認為牧師至少為教會帶來 40% 到 60% 的教友。更多的人認為 50% 到 90% 的信徒是因佈道會而來到教會的。

那麼，誰才是世界上最有成效的佈道士呢？研究結果可能會讓你大吃一驚。

2004 年秋季的某一個安息日，復臨教會北美分會區域內、所有參加安息日聚會的信徒都收到了一份問卷。此次調查的目的是要瞭解他們的靈修及傳福音的情形。在傳福音的工作上，復臨信徒究竟表現如何？這項包含 1,689 名受訪對象的調查告訴了我們答案。下面資料陳列了其中關鍵。我們需要注意這 1,689 名復臨信徒傳遞給我們的信息，倘若能從中瞭解目前我們面臨的現狀及原因，我們就能夠改善發展教會的方式，以及我們奉耶穌的名接觸他人時的方式。

統計資料

　　首先讓我們先來看看受訪者的構成，也許會有所助益。從性別上看，57% 的受訪者為女性——典型的復臨會眾。半數以上的受訪者是長期的復臨信徒：有 61% 的人加入教會 20 年或更久，另有 15% 的人加入教會 11 到 20 年。只有 4% 的人是剛剛加入教會不到一年。不僅如此，60% 的人的父母是復臨信徒。這些資料似乎表明了兩件事：人際關係在領人加入教會的事上所發揮的作用，以及我們的教會並沒能使多少沒有復臨信仰背景的人、或是在我們信仰群體之外的人進入教會。

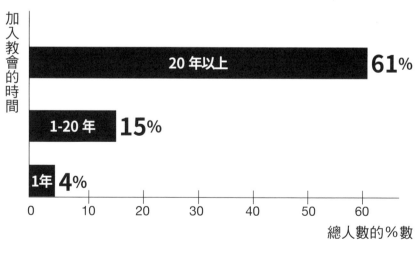

典型的復臨教會信徒

　　此外，這些資料向我們展示了一個老齡化的教會。超過 60% 的教友年齡在 45 歲至 65 歲，22% 的人在 65 歲以上。只有 9% 的人在 25 歲以下。這樣的資料表明教會需要在接觸並使年輕人留在教會的工作上加把勁。

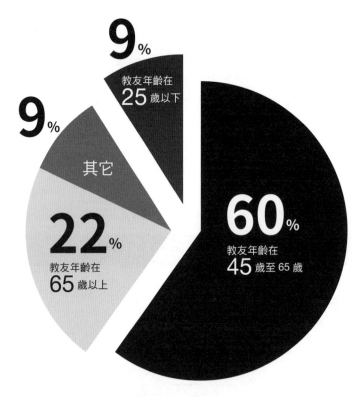

老齡化的教會

他們透過何種途徑加入教會

2004 年的調查問卷中有一個特別令人感興趣的話題，是詢問受訪者下列 9 種因素對其加入復臨教會的影響程度。其比例是將回饋「影響相當大」和「影響深遠」的人數比率相加得來的。

而在「其他」這一類別中出現的唯一重要因素，是基督教教育和復臨學校的教師。

人們以何種方式加入教會	比例
在復臨信徒家庭中長大	59
朋友或親戚介紹	58
閱讀書籍、雜誌或其他材料	49
佈道會	36
在家中學習聖經	34
牧師拜訪	20
電視或廣播節目	20
聖經函授課程	19
網路資訊	7
其他	22

世界上最有成效的佈道士

再回到我的講座。當我在大螢幕上播放引人歸主方法的列表時，觀眾給的答案往往大相逕庭。當我將每種方法的影響力比例展示給他們看時，大家都驚呆了。大多數人會開始質疑這項調查結果的準確性。我經常聽到一些反對之音：「這肯定不對！感到需要才是人們來到上帝面前的原因。」還有人說：「不，不可能，人們是透過佈道會才接受耶穌的。」還有一群人堅信牧師和教會活動才是真正產生作用的因素。

但也許他們所在的教會真的是特例。為了驗證這一結果，我便一一宣讀列舉的因素，並邀請觀眾們在聽到自己加入教會最主要的因素時站起來示意。不論當時所舉辦的講座規模大小如何，不管是在大教會或小教會，也不論是在鄉村、郊區或城市的教會，我得到的答案總是極其相似。

特殊需要	2－5%
偶然的機會走入教會	2－5%
牧師邀請／拜訪	2－5%
探訪	2－5%

參加安息日學	2 － 5%
福音系列佈道會	2 － 5%

結論：

朋友／親戚的關係	70 － 95%

　　到了這一刻，人們不禁會發出「果真如此」的驚歎之聲。他們會開始說：「說來也是，在我的信仰經驗上我母親的影響最大。」或是「當我還小的時候，是我的鄰居帶我到安息日學的。」另一個人會補充說：「我的祖母也是復臨信徒，她多年來一直為我禱告。最後我才下決心要認真看待信仰。」還有人會記起許多年前是同事邀請他們到教會裡來。

　　父母、親友、鄰居或同事對人信主產生的影響比例，研究得到的資料通常是在 70% 到 95% 之間。接著我會重新再問一遍剛開始的問題：「誰是這個世界上最有成效的佈道士？」這次的答案就相當一致了。不論是根據正式的研究成果，或是現場非正式的資料收集，我們都可以明顯看出，這個世界上最有成效的傳教士是關懷你我、並以一種全面且頗具吸引力的方式將耶穌分享給我們的人。當我再一次問：「誰是這個世界上最有成效的傳教士？」大家便異口同聲：「我才是這個世界上最有成效的傳教士。」

　　針對復臨信徒的研究與所有類似研究的結果是相當一致的。懷・阿恩[1]和湯姆・雷納[2]都認同以做朋友的方式接觸更多的人是上帝所喜悅的方式，並且這種影響的範圍是極為普遍的。我遊歷世界各地，訓練人們如何傳福音並使教會增長。值得注意的一點是，無論在亞洲或非洲，北美、中美或南美，歐洲或澳洲，我所看到的結果都是一樣的。大多數人來到上帝面前都是受其人際關係網或是友情的影響。

　　毋庸置疑，帶領人認識福音最有效的方式就是透過個人的影響力。那麼上帝是怎麼做的呢？例如，祂如何接觸員警？祂會打發全職的傳教士扮作員警打入內部。祂賜給他們所需的恩賜、熱忱及憑據，將他們差派到全國的警察局。對於建築工人也是如此。上帝要祂全職的忠僕喬裝成建築工人。祂賜他們各樣恩賜和熱情，使他們健壯，差遣他們到每個城市的建築工地。上帝全職的傳教士們無孔不入、無處不在：他們會出現在在課堂上或診所裡，手拿錘子或是聽診器，擔任公司股東或作查帳員。每一個人都是福音的使者──我們都是全職的傳教士。

　　所以，你在每個城市、市鎮或鄉村，都會看到全職的傳教士，天性不同，恩賜不同，遍及各行各業。上帝要我們分散各地──像是從鹽罐中潑灑出去的鹽──當然要按著祂的口味。祂如同撒鹽般將祂的傳教士灑遍這個世界，賦予他們恩賜，使他們能夠影響他們

的朋友、家人和同事。

你該如何做？

以下是簡單可行的 10 個步驟，可以幫助你為基督贏得他人。

① **每年有計劃地與 5 個人交朋友。**他們應該是你經常會打交道的人。比起與你相隔十萬八千里的遠親，住在附近的親戚、朋友、同事或是鄰居才是更好的選擇。

② **每天為他們禱告，**祈求上帝參與他們的生活，並引導他們到主面前。祈求上帝能使你忠心地為他們代禱，並且躍躍欲試要將福音帶給他們。

③ **關心照顧他們的需要：**身體、精神和社交上的需要。好好花時間成為他們真正的朋友。讓他們感到自己是你所愛的、很重要的朋友。

④ **與他們分享你的價值觀，**例如，分享為何你選擇去做一些事，而不去做另一些事，而且這些事都要與耶穌聯繫起來。讓他們明白基督教信仰並不是一堆條條框框，而是與偉大的上帝建立關係。

⑤ **選擇適當的時機，與他們分享你的見證。**告訴他們耶穌是如

何顛覆了你的生活，告訴他們祂在你生命中的意義。也許沒有什麼比你自己的經歷更具有說服力了。

⑥ **向他們介紹耶穌。**向他們講述耶穌的故事，祂如何成為世界的希望，成為通往上帝的唯一途徑，把福音介紹給他們。

⑦ **在適當的時候，邀請他們參加聚會**，音樂會、復活節或聖誕節的特別節目、佈道大會、小組活動（最好是從你家開始）、安息日學，或你認為合適的任何活動，這會幫助他們更容易融入教會生活，並且與其他信徒作朋友。

⑧ **與他們一起研究聖經**，這樣他們能夠明白基督教信仰，以及如何成為一名教友。

⑨ **培養新信徒**，訓練他們成為門徒，幫助他們在基督教信仰中成長，作他們的牧者和鼓勵者。

⑩ **教導他們接觸他人**，不斷發展壯大對上帝的工作來說至關重要。

有一天，當你牽著耶穌的手，走在精金的街上，有人會走過來對你說：「我之所以能在這裡，是因著你的緣故。」想到這裡，你現在所為他們付出的一切都是值得的。

培養新信徒

在基督裡的新信徒剛剛經歷了一場最徹底的改變，他／她的人生目標、社交圈、習慣、選擇、生活方式都發生了翻天覆地的變化。新加入復臨教會的人們需要重新規劃每週的日程，重新檢視他們所吃的食物，按著聖經的啟示改變自己，除此之外還有許多重大的調整要面對。對於這些信仰的種子剛剛在他們心田中生根的新信徒，我們所要做的遠比在他們受洗之後遞上毛巾擦身要來得深入得多：我們要培養他們，教導他們如何成為門徒，如何融入新的教會大家庭，要保護他們既不受外界的攻擊，也不受教會內部問題的干擾。以下四類形象地勾勒出新教友的基本需求：*

- 新信仰必須得以鞏固。
- 必須結交新朋友。
- 必須要建立新的團契。
- 必須培養他們融入教會生活，在事奉中承擔責任。

鞏固新信仰。當一個人不斷地與主同行，並在新的教會大家庭中獲得自信時，他／她的信心就會得以增長。通常在信仰的群體中，人與人之間的關係才能產生最好的結果。換句話說，你可以透過分享與上帝同行的個人經歷，塑造基督徒生活的榜樣，幫助他們學習靈修，來扶持新信徒在信心上得以長進，變得更加成熟。

　　結交新朋友。不要低估這一步的重要性——這是門徒訓練中關鍵部分。實際上，一個人在教會的朋友數量直接關係到他留在這一群體中的可能性。對於那些不太擅長進行正式查經的教友來說，這是個絕妙的機會——你們的事工就是和他們交朋友！當我們花時間傾聽彼此的心聲，一起消磨時光的時候，友誼的種子就這樣播下了。你可以邀請新教友們到家裡聚餐，或是去公園散步，或是與其他信徒一起參加社交活動，除此之外，還有許多的方法，你都可以藉此培養他們的信心。

　　建立團契。「團契」一詞的世俗定義是一個友好的團體，其成員有著相同的興趣，朝著共同的目標努力，彼此間如親友，緊密相連。若從基督教的視角理解，團契可以指安息日學，聚餐，甚至崇拜聚會。一個人可能在教會裡有朋友，但他是否樂意與幾個人一起來參加教會活動呢？新的信徒能否感受到自己是可以融入其中，或

是與他人有共同話題呢？他們是否懷有同樣的興趣和價值觀？幫助
新成員真正融入教會生活的另一種方式，就是花時間參與團契，關
注他們的靈性成長或事奉（或兩者皆有）。

　　在事奉中有一席之地。若新信徒能感受到這個新的教會大家庭
需要他們，就能極大地幫助他們產生歸屬感。幫助他們在事工中尋
找一席之地，這工作應與他們的個性與屬靈恩賜相稱。務必使他們
受到獲取成功所必須的訓練。透過這種方式，你可以訓練新信徒們
如何做門徒，滿足教會的需求，履行福音的使命。你可以幫助信徒
成為門徒！

＊ 我從本・馬克森《幫助信徒成為門徒》一文中藉鑒了一些概念。選自《南方消息》，1987
　 年 2 月，第 21 頁。

人際關係與個人接觸的力量：
朱蒂、唐娜、馬莉和耶穌

朱蒂，一位 25 歲的單親母親，帶著她五歲的女兒來到我們教會，因著一位教友邀請她來參加佈道大會。這個年輕的女子對一切事都刨根問底，渴望得到答案。雖然她從小就是浸信會教友，但 18歲時就遠離教會，開始了放縱墮落的生活。她嗑藥、酗酒、沉迷於各種派對。結果一夜風流之後，她懷孕了，這件事無異於當頭棒喝。雖然她下定決心要改變自己的生活，但卻沒有多大成效，經常故態復萌，陷入墮落的網羅。

當朱蒂搬來這一區住時，她和唐娜成了鄰居。唐娜在我們教會裡是一位虔誠的基督徒。她花時間與朱蒂交朋友，經常為了幫助她而把自己的事情耽擱了。比方說，唐娜常花幾小時的時間聽朱蒂的訴苦，並竭盡所能地幫助她走出抑鬱的陰霾。

我們教會有個慣例，在每年冬季舉行一次福音佈道會。就在那年的冬天，朱蒂的生活過得異常艱難。唐娜邀請她來參加佈道會，在這裡她第一次知道在上帝的眼中她是何等的特別。在她經歷了上帝與她同在後，終於張口向祂尋求恩典與力量。上帝的愛徹底改變了她。她如饑似渴地學習有關上帝的一切的。在朱蒂受洗之後，她弱小的信仰曾面臨數次危機，但唐娜和幾個在教會結識的新朋友向

她伸出的友誼之手使她撐了下來，也使她更加堅強，並在主裡成長。

　　她的故事向我們展示了個人傳福音與佈道相結合所產生的力量。我們也看到建立關係與深入跟進的重要性。朱蒂並沒有像保羅去大馬士革的路上那樣奇妙的經歷，只是因為她接到了一張邀請卡，聽到了福音，接著參加了更深入的門徒訓練，這一切使她在靈性及情感上的渴求得到了滿足。

　　作為牧師，我習慣於在洗禮的第二天拜訪那些新受洗加入教會的人，一來可以鼓勵他們，二來再一次激發他們傳福音及服事的熱忱。朱蒂是一家雜貨店的經理，我去拜訪她的時候，她正忙著。她帶我參觀了店裡，接著我對她說：「朱蒂，我們來禱告吧，將這家店放在上帝手中，願它成為你服事的禾場。」禱告完她送我離開的時候，我注意到有一位收銀員似乎與朱蒂關係非常密切。於是我問朱蒂那位女士是誰。「那是瑪莉蓮，是我非常親密的朋友。」她告訴我。

　　「上帝甚願你為祂贏得瑪莉蓮，」我告訴她，「請為她禱告。與她建立親密的關係，要愛她。」朱蒂欣然答應。於是她比從前更加關愛她的朋友，為她禱告，她倆的關係變得更親密了。

　　朱蒂做的第一件事就是邀請瑪莉蓮週五晚上來家裡吃飯。她因

著上帝的緣故心裡非常火熱。瑪莉蓮也被她的熱情和改變所打動，願意來認識主。於是兩人開始在每週五晚學習聖經。兩個月後，瑪莉蓮就在眾人面前受洗歸主。她講述了一個動人的見證，告訴我們她與朱蒂之間的真摯情誼是如何深刻地影響她，並將她吸引到主面前，沒錯——這就是人與人之間情誼的偉大力量！

當朱蒂出現在你生活中時，你也可以成為唐娜。事實上，你可以成為這個世界上最有成效的佈道士！你有什麼理由不從現在就開始做呢？

「我祈求上帝，願你與眾人分享你的信心時，能使人更深刻地體會到與主連結而有的一切好處。」（腓利門書 6 節）

附註：
1. 文恩‧阿恩與查理斯‧阿恩，《造就門徒大計畫》（加利福尼亞州帕薩迪那：教會增長出版社，1982），第 42 頁。另見 W‧查理斯‧阿恩《如何接觸社區內不信上帝的家庭》（加利福尼亞蒙羅維亞：教會增長出版社，無日期）。
2. 湯姆‧S‧萊納《未進教會之人的洞見與行之有效的接觸之法》（密歇根州急流城：宗德文出版社，2002），第 73 頁。

第 10 章

連鎖反應：家庭佈道法

Chain Reaction : Oikos Evangelism

某年七月，正值假期聖經學校開班之際，我剛從學校回來，要到華盛頓州斯波坎一間大教會擔任助理牧師。那一年，一位名叫珍的復臨信徒從加州來斯波坎探望她的姐姐蘿拉。珍原本打算帶姐姐的孩子來參加我們的假期聖經學校，不過未能如願。在珍準備回加州之前，她拜託我去探訪她的姐姐，她打心眼兒裡認為蘿拉對福音並不排斥。事實也是如此，蘿拉是一位真心追求真理的慕道友。

我和另一位當地教會的教友莎莉去拜訪蘿拉，當即就分成兩個查經小組。莎莉、蘿拉和蘿拉的女兒金在樓上，而我在樓下與蘿拉的另一個女兒蘇和蘇的丈夫蓋瑞一起查經。不到兩個月，蘿拉和金

就受洗了。就在莎莉與蘿拉和金分享聖經的同時，蘿拉已經開始向她的兒子查理斯講耶穌的故事。就在蘿拉受洗的一個月後，她的兒子查理斯也受洗了。

不久，蘿拉在自己家裡成立了一個福音小組，並邀請她的鄰居迪伊來參加。來了幾次以後，迪伊的丈夫肯也加入了。一兩個星期後，迪伊邀請她另外一位鄰居泰瑞參加他們的團契。迪伊、肯、泰瑞在蘿拉受洗的六個月後都受了洗。不僅蘿拉和迪伊熱心地與他人分享她們的信仰，蘇和蓋瑞也邀請了他們的密友愛德格和特莉參加我的查經小組。大約一年後，他們四個全部受洗了。

蘿拉、金、蘇、蓋瑞、查理斯、迪伊、肯、泰瑞、愛德格和特莉：這就是十個人際關係力量活生生的見證。無論是經驗還是研究結果都向我們表明，傳播福音最有效接觸人的方式就是透過現有的人際關係和家庭影響。新約聖經中的希臘用語「oikos」闡明了這一點。Oikos 的字面意義是「家庭」，聖經用它來表明此類人際關係的自然影響。*正是透過這種家庭佈道法（oikos）——利用現有的人際關係分享耶穌——10 個人來到主的跟前，進入祂的教會。

人際關係的力量就是邀請的力量。它使我們能夠與子女和家人，朋友和鄰居，同事和熟人分享我們的信仰。

　　試想，如果你開始向你所認識的人，就是那些在你的家庭和
朋友圈裡的人分享你的信仰，接著會發生什麼呢？我確信，當你認
真對待這場見證之旅時，世界將會變成更美好的地方。想像一下，
因著你對信仰的堅貞，你的兒女在上帝的國中，有耶穌相伴，得享
永恆的生命；你的父親和母親與你歡聚在天國，其樂融融；想像你
摯愛的朋友在天國，無限感激地對你說：「我能來到這兒都是因為
你！」

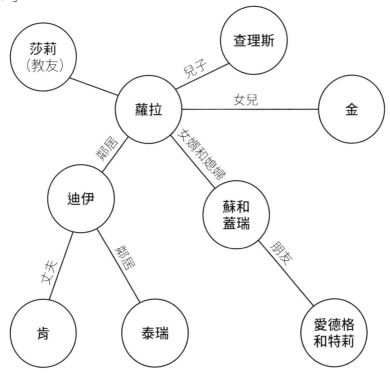

蘿拉福音小組的關係圖

聖經中的家庭佈道

在莎莉、蘿拉和我身上發生的故事其實正是聖經中福音傳播的模式。人們將他們摯愛的人帶到耶穌面前來的例子，在聖經中俯拾皆是。約翰在福音書的一開頭，就寫到了安德烈的故事。他是耶穌最初呼召的門徒之一，在跟從耶穌後他所做的第一件事就是找到自己的哥哥彼得，帶他去見主（約翰福音 1：41）。接著我們看到腓力去找他的朋友拿但業，向他傳福音，並帶他去見主，結果拿但業追隨了彌賽亞（第 45 節）。

看看聖經是如何講述安德烈和腓力的故事的。「安德烈先找到自己的哥哥西門，對他說：『我們遇見彌賽亞了（彌賽亞翻出來就是基督）』……腓力找著拿但業，對他說：『摩西在律法上所寫的和眾先知所記的那一位，我們遇見了，就是約瑟的兒子拿撒勒人耶穌。』」（41 — 45 節）

類似的故事一遍又一遍在福音書和使徒行傳中出現。當上帝將保羅和西拉從腓立比的監牢裡解救出來時，他們已向禁卒和他的全家的人傳講了上帝的道。結果「當夜，就在那時候，禁卒把他們帶去，洗他們的傷；他和屬他的人立是都受了洗。於是禁卒領他們上自己家裡去，給他們擺上飯。他和全家，因為信了上帝，都很喜樂。」（使徒行傳 16：33 — 34）禁卒從保羅和西拉身上所得到的，

令他急於和所愛的人分享。福音就是如此奇妙的好消息，我們若得著了就迫切地想要帶給他人。當我們明白其中深刻的利害關係（永恆的生命或永遠的死亡），當我們開始經歷救恩的喜樂，我們的本能就是要將它告訴我們最親愛的人。

　　現在請注意耶穌是如何運用家庭佈道原則的。當耶穌醫治了那被鬼所附的人，便對他說：「你回家去，到你的親屬那裡，將主為你所做的何等大的事，是怎樣憐憫你，都告訴他們。」（馬可福音5：19）耶穌知道世上最有說服力的見證，就是一個改變的生命以一種最自然的方式與他所愛之人分享的證詞。

　　還有一次，耶穌在路上看到亞勒腓的兒子利未坐在稅關上。耶穌吩咐利未來跟從祂，他就立刻站起來跟從耶穌。接著發生了有趣的事：後來，利未請耶穌在家裡坐席，他也邀請了許多稅吏同坐，來聽耶穌智慧的言語。結果其中有許多人最終也來跟從耶穌（馬可福音2：14－15）。而在約翰福音第4章中，耶穌治好了大臣的兒子，這大臣和他全家都信了耶穌（第53節）。

為何家庭佈道法有極大果效？

　　家庭佈道法——藉由人際關係分享信仰——它之所以產生如此顯著的影響，是因為它是一種最自然的方式。它有兩個前提：第一，

當我們經歷了耶穌，得享祂賜下的喜樂，我們就會迫不及待地與人分享；第二，當我們所愛的人看到我們身上的轉變，他們會想知道原因，並且樂意親身體驗這種改變。家庭佈道方式是最為有效的傳道途徑，低成本，高回報，經常使整個家庭都來到上帝面前，並且不斷有新的傳福音對象加入。整個過程以一種從容不迫的方式，在充滿愛與接納的氛圍中，基於我們已有的人際關係向前穩步推進。你的家人和朋友本就喜歡你、信任你，這就比傳播福音的「專業人士」更占先機。你認識的人群是上帝賜給你服事的禾場。

在前面一章中，我們發現最有成效的佈道士就是對我們個人有興趣並將耶穌分享給我們的人。我們明白個人影響力是人類傳播福音最強大的方式。事實上，這個世界上有一些最成功的傳道士，就是母親和父親。研究表明，當我們將「在復臨家庭長大」，「由親友介紹加入教會」和「在家學習聖經」等條件整合起來，百分比竟高達 70 至 80%。事實顯而易見：大多數人歸主並加入教會是因為人際關係中的個人影響力。還有更多的好消息：當我們藉由現有的人際關係網領人認識主時，新加入的信徒便已經因著我們而與教會有了深入的、個人的聯繫，因此會有許多人在他們接受門徒訓練時給予支持。

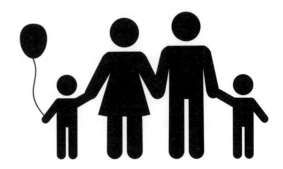

第 10 章。連鎖反應：家庭佈道法
Chain Reaction : Oikos Evangelism

229

還是女兒最有辦法

桑迪帶著她七歲的兒子來參加我們舉辦的一場佈道會。由於以前幾乎從未參加任何教會活動，她對聖經和基督教所知甚少，但聖靈依舊柔聲鼓勵她。她對在教會中所聽到的一切，都滿心喜愛。佈道會結束後，我們應她的要求為她定下了受洗的日子。作為牧師的我習慣於為那些即將受洗的人準備一些小卡片，方便他們邀請親戚和朋友來觀禮。我感覺洗禮是傳遞福音異象的好時機。那些來見證這一時刻的人即是教會應當為之服務的新對象。桑迪發出了超過 50 份的邀請函。她的父親當天也來參加她的浸禮。

桑迪的父親沒有宗教信仰，對基督教絲毫不感興趣，但他仍舊來支援他的女兒。每次浸禮結束後我們都會舉辦特殊的慶祝會，桑迪的父親也留下來參加特別的聚餐，大家切蛋糕以示慶祝。挨著他坐的是教會裡一位敬虔的信徒，二人便你一言我一語地聊了起來。原來兩個人都是釣魚愛好者，於是約定下週日一起出去釣魚。三個月後，我很榮幸地為桑迪的父親施洗。家庭佈道法再次展現了它的力量。

你也可以成為這個故事的主人翁。對於你所熟悉的人們來說，你就是最有成效的傳教士：你的鄰居，兄弟姐妹，父母，兒女，同事，朋友。正因如此，你就是他們得以聽見並接受福音最好的機會。

最終，你可以使用這個世界上最有效的福音傳播方式：符合聖經的家庭佈道法，並且成為這個世界上最有成效的佈道士。

*尤爾根‧戈茨曼，《Oikos：新約神學新國際詞典》，主編：科林‧布朗（密歇根州急流城：宗德文出版社，1981），第二卷，第 250 頁。

UR

第 11 章

渴望改變：
今天我們所面臨的挑戰
Dying for Change:
The Challenges We Face Today

在針對復臨教會教友的靈修生活、事工和傳道實踐的研究中，我們發現有一些令人甚為不安的問題極待解決。如前所述，世界上最有成效的佈道士就是與我們最親密的人。遺憾的是，大多數時候，救主的追隨者本該與別人分享信仰，可他們卻不屑去做。其中有很多因素，諸如靈性軟弱，缺乏訓練，簡單來說，就是缺乏對上帝以及對人的熱忱。

在教會中面臨的挑戰

今天我們在教會中究竟面臨何種挑戰？我們如何藉著上帝的力量戰勝它們？

    1. 缺乏持久的屬靈生活。我們的研究（參照表 1）表明，本會只有 73% 活躍的教友堅持每天禱告，並且只有大約 37% 的人堅持讀經。若談到家庭崇拜，只有大約 28% 的人每天都參與。很明顯，教會在激勵、教育及訓練教友靈性成長方面還大有可為。從我自己的觀察來看，教會尚未做到有意識地去進行門徒訓練，至少沒有貫徹或保持。作為牧師，我注意到在我的教會中，凡是那些特別注重自己靈修生活以及家庭靈修生活的教友，往往生活得更快樂、更健康，在服事和傳福音的工作上也更加積極。

表 1	
參與靈修的頻率	比例
個人私下的禱告	
每日	73%
一週一次	21%
個人聖經學習	
每日	37%
一週一次	43%
學習安息日學課	
每日	28%
一週一次	41%
閱讀懷氏著作	
每日	14%
一週一次	29%
從不	57%
家庭崇拜	
每日	28%
一週一次	33%
從不	39%

今天有許多人都在探討，認為我們需要在服事及傳福音的工作上訓練教友，對於這件事我舉雙手贊成。但是，若不能燃起人們對於上帝的熱愛，他們即便接受訓練也是枉然。但當他們對上帝懷有一顆熾熱的心，那麼無論是服事或傳福音，他們都將奮勇向前，無往不利。他們將渴望來自天上的引領，人們內心所重視的將成為他們生活的中心。當心中充滿屬天之事時，就會在生活及行動上表現出來，引導他們將耶穌分享給他人。

我相信，無論在哪一個教會，領袖的職責都是要在教友心中灌輸靈修的異象，並且尋找創意十足的方法，來激發會眾對靈命成長的追求。此外，領袖們也必須在健康的靈修生活方面作出好的榜樣，因為以身作則是必不可少的。領袖如何行，會眾自然也會效仿。

基督徒經驗的核心，就是要與耶穌基督建立親密的關係。如果做不到這一點，就完全失去了重點。若沒有持續與耶穌同行的經驗，我們的信仰會萎靡，我們的成長會終止，並且我們對這個世界的見證也會變得蒼白無力。我們的調查顯示，教會患上了屬靈的貧血症，大多數信徒都未曾將任何人帶到主前。因此，那些誠心祈禱、每日讀經的人在分享信仰方面往往比其他人做得更出色，這是不言而喻的。

2. 傳福音並沒有成為大多數教友的核心價值。也許這才是我們所面臨的最大的挑戰和最強烈的需求。在為期三年的時間裡，三分之二的活躍教友並沒有帶任何人來信上帝，可以說我們絕大多數的教友並沒有以任何形式為上帝作見證。若我們仔細考量這一結果，會發現只有很少一部分在教會中的活躍教友真正在公共服務、事奉或個人佈道方面作出努力。

領袖的責任就是要在會眾的心中播撒服務、事奉和傳福音的喜樂。異象的力量是不可小覷的。從我們所進行的另一項研究中發現，若教會領袖們能夠以身作則，將見證的異象灌輸給教友們，那麼會眾也會亦步亦趨，並在分享信仰的事上更加主動。

3. 在吸引年輕人來教會的方法上，可稱乏善可陳。資料所顯示的是一個正處於老齡化的教會。參與研究調查的教友中，60% 以上年齡為 45 歲至 65 歲，另有 22% 的教友年齡為 65 歲或以上。只有區區 9% 的教友，年齡在 25 歲以下。我走遍美國的不少地方，拜訪的多數教會都很少見到 2、30 歲的年輕人。這些資料表明，我們的教派應花更多的精力接觸並吸引更多的年輕人，使他們願意留在教會中。

表 2	
在過去的三年中，有多少人是全部或部分因為你而進入教會的？	
教友引人歸主的人數	比例
不知道	66%
1 人	15%
2～5 人	15%
6～10 人	2%
超過 10 人	2%

　　教會若不在方式或策略上作出一些重大的改變，想要贏得 X 時代或新世代年輕人的心，機會看來是微乎其微。領袖不能再想著他們自己喜愛的教會是什麼樣子，而是要思考怎樣做才能讓我們的年輕人在教會中感到快樂和被愛。最大的改變應在靈性方面，年輕人正追求一個名副其實、真實無欺的信仰團體。他們尋找的並非宗教儀式或傳統，而是一種改變生命的力量。首先他們希望看到耶穌已經改變我們的生命，這樣他們就可以確信耶穌也會在他們的生命中作出改變。

　　4. 我們沒法吸引或留住新的信徒。我們所研究的對象基本上屬於長期的復臨信徒：61% 的人教齡超過 20 年，另外 15% 的人加入

教會超過 11 到 20 年。只有 4% 是加入教會不滿一年的新教友。不僅如此，61% 的教友成長於復臨家庭。所有的資料似乎表明我們的會眾並沒有引領更多沒有復臨背景的人加入教會。

我們必須尋求新的教友加入教會。不管教會正在做什麼，如果沒有因福音的緣故接觸人群，它的事工便是失敗的。也許教會擁有美輪美奐的建築，餘音繞梁的詩歌或環境優美的庭園，若是它不能吸引人來到耶穌面前，那就算不得是真正的教會。當教會恪盡職守，它將成為世界之希望，恩典之泉源。教會存在的目的就是要將人們帶到救主面前，賦予他們聖靈的大能來改變其生命。如果我們所做的並不是這些事，那我們所做的是什麼呢？

需要改變

我們可以選擇繼續做我們所做的事，以至於最後變得漠不關心，或者選擇滿懷著主賜予我們的勇氣，投身到一場冒險之旅中，它會使我們和所生活的世界發生徹底的轉變。只有當牧師、領袖和教友同心所願、攜手合作，這一切才能夢想成真。

從注重計畫到注重人

我們的研究證實，傳福音最有效的方式，無論今昔，依舊是

通過友誼或親屬關係來傳播。此外，家庭仍然是一種能使福音真切呈現在人們面前的催化劑。正是藉由人與人之間的關係，我們才學會將福音的原則應用到實際生活當中。當我們處於健康且悉心呵護的人際關係網中，它會實實在在幫助我們看清如何有效且喜樂地過基督徒生活。當人們與我們交往，看到我們因著耶穌成為更好的人──我們變成更棒的父親或母親，更體貼的丈夫或妻子，更優秀的兒子或女兒──那麼更有可能被吸引來信從主，而非僅僅透過聽些教義或神學。

因此教會需要在教育、訓練、裝備、激勵教友行動，熱心與他人分享自己的信仰方面投入大量的精力。它應該成為訓練基地，以促進類似的努力。通過觀察和自身經歷，我知道絕大多數的教會很少會留意到這一點。

另外一個問題是，我們會給人造成這種刻板印象，作見證就是到陌生人那裡，敲開他們的門，並且試圖說服他們。我們需要教導信徒如何在任何環境下，自然而然地與人分享他們的見證，無論是在家中、街上、或是在社區裡。自然的方式才是傳福音最有效的方式，並且實行在你所認識的人當中。安德烈將他的哥哥彼得帶到基督面前。我們也應當將我們心愛的人帶到祂面前。當這一幕發生時，新的信徒便已經占了先機，擁有其專屬的牧者兼友人，可以隨時照顧他們屬靈的需要。

　　不幸的是，我們還是將大半的精力放在各種活動計劃上──戒菸班，假期聖經學校，烹飪班、愛心食物救濟站、預言之靈研究等數不清的計劃。這些事的確有利於邀請他人加入，但是若我們根本無人可以邀請，那麼其功效將大打折扣。如果我們能將注意力轉移到人的身上，與他們建立關係，那就再好不過了。然後我們將會獲得力量成為最有成效的佈道士，而我們的各種計劃也能擁有更長遠的目標，獲得更偉大的成功。

從單單參與崇拜到成為屬靈的門徒

　　為了幫助我們的會眾擁有一顆追求上帝的心，培養他們渴望與祂有更親密的交通，我們必須採用一切可能的途徑，無論是教育、指導或其他任何方式。在吸引人加入教會的事上，我們不得鬆懈一

刻：我們需要使他們成為屬靈的門徒。大多數人理所當然地以為即使沒有多少教導、引領、安排或輔導，人的靈命也會成長。也許我們指望著安息日的講道能夠擔起這份重責大任，教育、激勵並訓練教友們，使他們乖乖去做各樣能使他們靈性成長的事。要知道一週只有短短 30 分鐘的客觀說教可是遠遠不夠的。研究結果表明，在屬靈操練方面，我們是軟弱無力的，還需付上更大的努力。在活躍的教友中只有 73% 的人每天禱告，37% 的人每日堅持讀經，而只有 28% 的教友有每日家庭的崇拜時間。

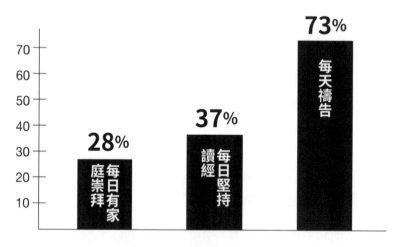

有屬靈操練的教友比例

　　我曾經牧養過一個教會。在我未曾參與服事之前，教友的人數已經連續下降兩年了。這個教會曾經歷過許多方向性與價值觀上的衝突。當我深入瞭解會眾的屬靈狀況時，便發現他們在堂董會上對瑣碎小事表現出來的興奮，竟然比對耶穌和祂的使命來得更熱烈。我一方面對這個教會的狀況滿心失望，另一方面卻又熱切地盼望上帝能夠作出改變，於是便在堂董會上提出要更加注重靈性，藉此徹底改變這個教會。想要達成這一點，首先就從堂董會開始，專門留出一段時間來作敬拜和祈禱。第一次實行這個計畫的時候，我精心準備了自認為奇妙非常的崇拜。但沒過幾分鐘，其中一位德高望重的教友就站起來阻止我說：「在我看來，這只不過是浪費時間。我們什麼時候才真正開始開會？」在他和許多教友眼中，教會的議程已經淪為財政決策。那天晚上我回到家，像一隻洩了氣的皮球。畢竟，他作復臨教會信徒那會兒，我都還沒出生呢——也許他真的比我懂得更多。但是我也感覺到上帝告訴我要堅持下去。教會的責任就是要將罪人與上帝緊緊聯繫在一起——要讓他們真切地感受祂的存在。

　　因此我決心繼續推進這一改革。我開始在講道時告訴教友，人需要與上帝有著親密的交通。剛開始的時候，我發覺想要將教會變成一個神聖的地方真的是困難重重。教會中許多人認為我的舉措會讓這個教會變得過於注重靈性。遺憾的是，還有許多人根本對靈性方面的話題無動於衷。

但我下定決心，無論如何都要堅持。我不僅要獨善其身——我心裡有一條繃緊的弦，時時刻刻都要向人傳遞福音。佈道的時候我要講，說故事的時候我也要講。漸漸地，教會的氛圍從安於現狀，轉變為對上帝和他人表現出熱情。我曾面對許多的困難，教友也在與生命中的大事作鬥爭，儘管如此，最後我們都領會到這一點。當教友的靈性越發健康，教會自然而然就產生了更多的事工，傳福音的工作也開始進展。這地方從冷漠變為大有決心，從停滯不前轉向樂意祈禱，從痛苦之境邁入應許之地。經過四年的努力，教會煥然一新，踏上增長的靈程。我們從原來的帶有一絲靈性氣息的俱樂部，如今成為基督的身體。若不是將靈性作為首要的核心，這一切都不可能發生。

從注重計畫到注重宗旨

我們是否有可能將全副心思放在制定各種計畫上、而忘卻了最初的宗旨呢？也許你的教會也和許多教會一樣：汲汲營營卻又碌碌無為，教友們按著滿滿的日程表忙東忙西，卻又不見果效。這個問題的解決，也許不能靠增加更多所謂的、以發掘教會服事潛能為宗旨的計畫。把精力集中在少數教友能夠勝任且頗有意義的事工上，以此充分發揮教會的力量，這才是明智之舉。關鍵並不在於多做或少做或是做得更好——而是要在所做的一切事上都賦予更偉大的宗旨，要贏得人們歸向主，並要在靈性上使他們得以建造。

　　我感覺身為牧師，就是要持續不斷地將異象灌輸給會眾，教導並訓練他們過屬靈的生活，並注重與人分享信仰。我發現，在這一過程中哪怕只是疏忽了幾週的時間，教會就遭殃了。所以最後我制定出一個計畫，每週至少一次利用佈道、見證、分享、頌讚、呼口號等不同方式向會眾灌輸異象。並且我還得出結論就是要採取戰略性的培訓方式。最後，我們決定，每一位領袖必須培養其他人來從事他手頭上的工作。我曾經每個月都與教會中所有領袖開會，一來對他們各自所屬的事工予以鼓勵和培訓，二來也為上帝在我們中間所成就的事歡喜快樂。

從以事件為導向到福音工作為導向的過程

　　對傳福音最普遍的誤解之一就是將它當作一項活動：是教會預備、投入去做，並且從中得到復興！然而在聖經列舉的例子中，傳福音並不是單單是在帆布帳篷之下、以佈道方式進行的。傳福音猶如一條條絲線，被緊密地織入基督徒的日常生活中，且隨著時間的推移，伴隨人一生的路程。

　　我們應當注意到聖經中教導我們傳福音並非是少數人的重任，而是所有人應有的生活的方式。「你們要去，使萬民作我的門徒，奉父、子、聖靈的名給他們施洗。凡我所吩咐你們的，都教訓他們遵守。」（馬太福音 28：19 － 20）「我祈求上帝，願你與眾人分

享你的信心時，能使人更深刻地體會到與主連結而有的一切好處。」
（腓利門書第 6 節）傳福音的工作是每一位信徒的職責及特權，它
絕非僅僅壓在少數去過神學院深造，或是在救靈方面大有經驗之人
的肩頭上。

使徒行傳中的佈道

我培訓的時候，經常會做一個有趣的活動，首先我會問聽眾：「你
的教會最後一次佈道是什麼時候？」我最常得到的答案是「我們去
年（或 3 年前或 10 年前）舉行過一次佈道大會。」正如我先前提到的，
大多數人仍然將傳福音定位成一項活動而非一種生活方式。實際上，
傳福音可以發生在任何時間、地點，由任何人在任何情況下進行。

接著我請他們閱讀使徒行傳，並將信徒們每次傳福音或服事的
工作列出來。他們往往會找出超過 6、70 件與傳福音和服事有關的
事件和方式。早期教會並不把傳福音當成某項活動，而是他們的生
活方式。他們一想到耶穌就興奮萬分，這就是他們與我們的不同之
處。在早期基督教會的眼中，傳福音與服事就是他們生存的全部意
義。耶穌是他們終極的核心價值。早期教會就是要為耶穌贏得這個
世界，世間所有的一切都不能成為其阻礙。他們的激情，他們的工
作以及他們的全部精力都是為了要讓耶穌基督翻轉這個世界。因此
他們對傳福音的熱衷只是其日常生活的自然彰顯。

從停滯不前到邁向改革

　　雖然研究顯示，佈道最有效的方式是透過人際關係，但我們仍需要透過多種方式影響人們來就耶穌。我們所做的研究表明，下列許多方法在佈道的事業上都有著不俗的表現：公共佈道（36%），書籍與刊物（49%），電視或廣播節目（20%），聖經函授課程（19%），以及網路（7%）。（參閱前面「人們以何種管道加入教會」，211 頁）

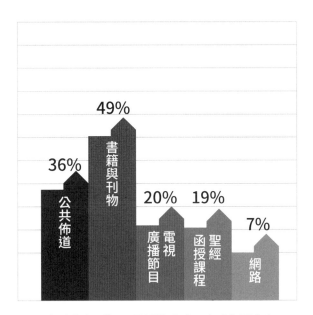

多種方式可影響人們來就耶穌

　　採用各式各樣的佈道方法至少有三個目的。第一，為信徒創造多種途徑，使他們能夠自然而然地與他人分享信仰。第二，希望接觸到各個族群，因為僅憑一種方式顯然無法吸引所有人。第三，勇敢的跨出我們的人際關係舒適圈（即第十章），在我們現有的親戚朋友之外，尋找新的樂意接受的慕道友。

　　在這項以發展最快的復臨教會為對象，並究其原因的調查中，我們發現但凡是增長的教會，他們大多使用多種佈道方式。他們利用安息日學、崇拜聚會、各種事工、節日慶祝（聖誕節、復活節、母親節、父親節等）、運動項目以及個人或公眾佈道等來接觸想要尋求上帝的人。這項研究表明健康高效能的教會為了接觸社區的居民，每年都要使用至少 9 種「深耕計劃」[1] 和「快閃活動」[2] 兩種並用的佈道方式。教會必須竭盡所能接觸人群，每一事件、每一事工、每一活動，都應該以建立人與上帝的關係為宗旨。

　　個人佈道與公共佈道應相輔相成，二者缺一不可。如果教會注重自身的增長，就必須採用多種深耕和短期的方式來接觸人群。不是只有專門用來傳福音的方式才能取得效果——關鍵是看人們如何運用。安息日學可以是開放討論的時間，但也可以用於佈道。倘若領袖們決定將安息日學作為佈道之用，他們自然會更注重邀請慕道友來參加，使用能吸引他們的課程，營造一種利於佈道的氛圍。從這個角度看，教會所做的每一件事都可以視為佈道。

從靈性上的癱瘓轉為祈禱的力量

針對發展最快的復臨教會所進行的研究表明，許多教友和信徒正陷入與沮喪失望的鬥爭之中。許多教會一年以來甚至更久都沒有一個人受洗。有些教會停滯不前，更多教會實際上面臨衰退的困境。如果你正處於這種境況，千萬不要放棄，要禱告，看看上帝會為你做些什麼！

有一天，我翻閱郵件的時候看到一張卡片，是一位女士寄來的，她想要了解聖經。於是我邀請教友弗雷德與我同行，也可以藉此使他得到訓練。當我敲門的時候，一位四十出頭、性格活潑的女士來應門。我向她出示了卡片，問她是不是願意查經。「這可不是我寄的卡片！」她回答。

「那麼，您是否有興趣了解聖經呢？」我接著問。

「不用了，我可不信這些。」於是我問她我們可否為她作禱告，這次她沒有拒絕。

禱告結束後，我們上車準備離開。正當我們駛離停車道時，她卻從車後追上來，大聲喊說：「停車！停車！雖然我對聖經不感興趣，不過我有個鄰居很感興趣，就住在對面，我現在就帶你們過

去。」當我們走到對面，一位 73 歲的老太太出來迎接我們，滿身酒氣，嘴裡還叼著煙。我問她是否願意聽聽聖經，她忖度著自己無所事事，就答應了。於是我和弗雷德就向這位名叫安的老人家講解聖經。其實我滿肚子的不情願，因為我對煙草過敏，而且她的年紀也是我的困擾之一，像這樣高齡的人往往很難接受耶穌基督。不過結果讓我大吃一驚，安接受上帝為她的救主。

後來，安戒了煙，也不再喝酒。幾週後，她便受洗了。洗禮的第二天，我和弗雷德便去拜訪她，與她分享關於服事、傳福音和為上帝贏得生命的異象。「安，你有家人嗎？」我問。

「我的家族很龐大呢！」
「上帝有個任務要交給你。祂希望你能為祂贏得你的家人。」
「我該怎麼做呢？」
「要為此禱告，上帝會告訴你怎麼做。」
大約三年半後，聯合會派出他們的公關在安息日的早晨專門為安拍攝短片，安的身邊圍滿了因著她來到上帝面前的人。大家和我一起來想像這個場景：安站在講臺的中央，身邊圍著 57 個人，其中包括吉娜，就是那位拒絕學習聖經的女士。

聯合會的幹事興致勃勃地採訪這 57 個人：「今天你為什麼能成為復臨信徒？」他得到了一致的答案：「我們見證了安在生活上

的改變，我們也希望改變。」接著他轉向安，問道：「你究竟做了什麼能為主贏得這麼多你的家人和朋友呢？」

「我日日夜夜為他們祈禱。接著上帝就告訴我許多方法，使我和他們之間變得更加親密，我知道如何滿足他們的需要。當時機成熟的時候，我就邀請他們來教會，或是來學習聖經，參加佈道大會。每一次都會有一個人成為基督徒，那個人就會和我一起為還沒有相信上帝的人禱告。上帝一直都恩待我們。」

這就是禱告的力量——一種持續供給的力量。這是家庭佈道的力量，也是個人屬靈生活的力量。沒錯，縱然今天在教會的增長上我們面臨許多可怕的障礙，但上帝的恩典是豐豐富富的——並且對你來說垂手可得！

附註：
1. 深耕計劃（Pathways）是指長期且注重靈性培養的活動，例如為慕道友開設的安息日學或佈道大會。
2. 快閃活動（Entryways）指短期內的活動，諸如烹飪課或戒菸班之類。

第五部分

高舉上帝的敬拜
God-exalting Worship

　　教會的復興與敬拜的更新息息相關。[1] 這是一項放之四海皆準，至今更顯出其重要性的真理。詹姆斯・埃默里・懷特在《打開大門：敬拜與教會增長》一書中指出，教會的增長與復興和敬拜經驗是分不開的。[2] 從採訪中我們得知大多數的人渴望看到強而有力、充滿活力的敬拜。許多人渴望與上帝相遇，感受祂的同在，倚靠祂的大能生活。每一次當教會注重祈禱，建立門徒，並在敬拜上帶來更新時，它就會變得健康，並走上增長之路。

喬治・巴納[3] 明確指出，人們對於教會最大的期望就是能感受上帝與之同在。基於這一點，我們應將注意力從各樣計畫上轉移到靈性、門徒訓練和關係的建立上。我們鼓勵信徒要更加重視他們在聖日的敬拜，使他們沉浸在禱告中，有親身經歷過上帝同在的信徒在旁相助。湯姆・萊納發現，激勵人心的聖日崇拜會以一種非常積極的方式對福音傳播、門徒訓練、接納新教友產生推動作用。

我們對來自各地的 230 位受訪者進行採訪，試圖了解怎樣的敬拜才算是高舉上帝的敬拜。[4] 本書的下一章將呈現訪問的結果。我們可歸結出在高舉上帝的敬拜中，人們如何因為下列七種因素，改變了自己：

1	經歷上帝的同在
2	經歷了上帝的恩典
3	激發希望
4	在信仰的群體中感受被愛
5	內心經歷改變
6	接受挑戰，投身服事
7	享受卓越生命

在每一部分結束的時候，我會列出一些可行的建議，你可以用這些方法豐富你的崇拜，使其變得鼓舞人心且充滿活力，從而使教堂變成人們高舉上帝，感受祂的恩典與同在的聖地。這些建議有些來自我個人的研究，有些來自於對各地的牧師、教友和教會領袖，以及一些慕道友的採訪。

如果你是一位教會領袖，要努力帶來崇拜的更新。如果你是一位信徒，要經歷上帝的同在，這樣你就會成為一位具有感染力的基督徒。

附註：
1. 小沃爾特‧凱澤《追求更新：舊約中的個人復興》（芝加哥：慕迪出版社，1986），第 11 － 25 頁。
2. 詹姆斯‧埃默里‧懷特《打開大門：敬拜與教會增長》（納什維爾：Convertion, 1992），第 62 － 64 頁。
3. 喬治‧巴納，演講《復臨信徒事工大會》，南卡羅萊納州默特爾海灘，2009 年 1 月。
4. 湯姆‧S‧萊納，《寄予厚望的教會》，第 20 頁。

第12章

你所渴望的敬拜經驗

The Worship Experience Your Heart Longs For

此刻是安息日上午的 11 點鐘。在接下來 1 小時之中,你將坐在教堂裡,參加一場崇拜聚會。那麼你期望從中得到什麼呢?

唱完開會詩之後會眾祈禱,接著就是歡迎新人和事工分享。禱告、收捐、讀經、特別詩,最後是證道。

聚會的程序大概是這個樣子。但是,你究竟想要從敬拜中得到什麼呢?

這是我們希望瞭解的。在研究敬拜以及持續增長之復臨教會的敬拜時，我們採訪了 230 個人，[1] 問他們以下三個問題：

1	怎樣才算得上是好的崇拜聚會？
2	人們期望從崇拜聚會中獲得什麼？
3	聚會結束後，什麼樣的經歷使他們念念不忘？

這項針對發展迅速的復臨教會之研究明明白白地指出，如今若沒有充滿活力且鼓舞人心的敬拜，教會就無法增長[2]。教會應強調敬拜體驗，並要在這件事上投入時間、創新，使之多樣化。沒有什麼固定的敬拜風格可以脫穎而出[3]——更確切的說這件事關係到敬拜體驗的品質。

什麼是崇拜？

在探討高舉上帝的崇拜經驗由哪些元素組成之前，我們應該更深入地瞭解敬拜本身的含義，特別是聯合敬拜。敬拜是對上帝積極的回應，我們藉此宣告祂在我們心中的地位。它並非消極被迫，而是主動參與的。它也不僅僅是一種情緒或感覺，相反它是以順服與委身作為對上帝的回應，宣告祂的創造大工及良善。因著我們以愛、

崇拜、讚美和順服來回應祂，我們的崇拜經驗將會使我們與祂產生
更為親密的關係。

英文「worship」（崇拜）是對所描述之行為的表達。該詞源於
古英文的「weorthscipe」（敬重），然後演化為「worthship」，最
後成為今天所通用的「worship」。「worship」意為「值得歸於」某
事或某人。當我們用這個詞來形容某人「熱愛（worship）金錢」或
「她愛（worship）自己的孩子」的時候，其實並不是那麼精準。但
如果在他心目中金錢的地位至高無上，或是在她眼中孩子的地位無
與倫比，那麼用這一詞形容便恰到好處。崇拜（worship）某人或某
事就是將其擺在至高無上的位置，或是宣告其價值無與倫比。當我
們將這一概念提升至神人關係時，其實已有現成的慣用概念。崇拜
上帝就是賦予祂無上的價值，因為唯有祂是配得的。我們惟願在一
切事上都能尊崇上帝、榮耀上帝。崇拜不僅僅是儀式，更是一種生
活方式。[4]

盡性　盡心
盡力　盡意
敬拜上帝

聯合敬拜是指健康發展的教會定期聚集，大家同為基督的肢體，要盡心、盡意、盡性、盡力地敬拜上帝。世間萬物存在的價值就是為了榮耀上帝，但唯有人類是出於對天父上帝的熱愛而甘願去做的。這就說明，因著祂的大愛，我們在一切受造之物中是獨一無二的。我們將榮耀歸於上帝是因著對祂無法抑制的愛意。舊約將崇拜與上帝的殿聯繫起來，但在新約中基督自己作出深刻的闡釋，上帝正在尋找那些用心靈和真理敬拜祂的人，他們正是努力尋求，為要完成祂最初旨意的人。

不論是個人還是集體，每一種崇拜的經驗都應該以一種充滿新意且深刻的方式鼓勵我們經歷上帝的同在。它應引導我們來到施恩寶座前，使我們收穫希望與新生，並受到鼓勵投身於事工和服務之中。

高舉上帝之崇拜聚會的本質

既然已經對崇拜下了定義，那麼就讓我們來探究怎樣才能算是尊崇上帝、榮耀上帝的崇拜聚會。我們從對信徒和慕道友的採訪中，總結了以下七種在高舉上帝的崇拜聚會中所具備的重要特質。牧師、領袖、信徒們需要體驗什麼才是真正的崇拜，並不惜任何代價將其分享給他人。在彰顯崇拜聚會之高舉上帝、榮耀上帝的本質上，教會的牧師或領袖責無旁貸。若你是信徒，要時刻與上帝親近，這樣也許會感受到祂的同在與大能，因為其他人也想要從你的身上看到

耶穌的影子。

 ## 1. 經歷上帝的同在

　　人們一次又一次地向我們表示，他們盼望享受上帝同在的喜樂，他們最希望從崇拜中得到的，就是上帝真實的存在。許多人正在追求得到與上帝同在的感受——依靠祂的大能活著，被祂的恩典與愛感動[5]——為了找到這種感覺，即使是天涯海角他們都願意去。為什麼我們不能使教會成為人們與主相遇，並開始享受祂的同在直到永遠的地方呢？

　　上帝的心意是要住在祂的子民中間。在伊甸園的時候祂就花時間與人相處（創世紀 3：8），在曠野的時候祂吩咐人為祂建造帳幕（出埃及記 25：8），與人同居是耶穌降生於世上的原因之一（約翰福音 1：14），未來祂還會成為新天新地的榮耀（啟示錄 21：3；22：1 － 5）。

　　並非只有亞當、古代以色列人、或是第一世紀的基督徒們才享有上帝同在的特權，它也不是我們直到新耶路撒冷的城門前才能得到的禮物。耶穌曾經應許無論在哪裡，只要有人奉祂的名聚會，祂就在他們中間（馬太福音 18：20）。每一次崇拜聚會，每一次高舉祂聖名的集會，都是緊握祂同在的應許，所以當你的教會聚在一起

敬拜上帝時，祂必然與你們同在。

我們應該更加注重透過祈禱、詩歌讚美和教導來營造聖潔的氛圍，以便幫助人們感知上帝的同在。許多前來做禮拜的人，他們所尋求的並不僅僅在於團契、勸勉或研讀聖經，他們來是要尋求與至聖者相遇。他們在尋找「敬畏、崇敬、神祕、超越」之感。你的教會採取什麼辦法來提供這一機會呢？

我們經歷上帝的同在，是藉著祈禱並與其他感受上帝同在的人相交。那些持續增長的教會，正是透過祈禱、讚美、詩歌、充滿愛與接納的氛圍、熱情的問候與歡迎來幫助信徒經歷上帝的同在，而與上帝關係緊密的聚會主理或主席對此也功不可沒。如今，持續增長的教會力圖在內容與情感上尋求平衡，使崇拜聚會不僅對人的思想，也對人的心靈產生觸動，使參與敬拜的人不僅能瞭解上帝，也能遇見上帝——不僅能歌頌上帝，也能唱給祂聽。

為了使崇拜聚會能更有效地幫助信徒去經歷上帝，要設法注意以下幾點：[6]

- 營造讚美的氛圍，避免爭執。
- 在崇拜聚會中強調愛與感恩，不要只是宣講信息。
- 兼顧信徒的頭腦與心靈，而非顧此失彼。
- 分享個人的經驗，如何經歷上帝。

2. 經歷上帝的恩典

「六日之內，耶和華造天、地、海和其中的萬物。」（出埃及記 20：11），但耶和華絕不僅僅是宇宙中一股自然發出、與個人無關聯的力量。請注意祂創造萬物的方式，六日之內，祂發出神聖而權能的話語，將創造的藍圖變為現實。這聲音發出就是為了被聽見——說出來的話也是為了被人理解。即使上帝是用祂話語的大能來創造世界，但祂仍在溝通，為要表達其並非冷漠的神。

雖然世間萬物是由上帝大能的言語所產生，但在第六日，上帝親手用地上的塵土造人，並將生氣吹在他鼻孔裡，他便成了「有靈的活人」（創世紀 2：7）。若要談到神人之間的聯繫，有什麼能比得上在一週中專門留出一天與上帝交通更為密切的呢？上帝將安息日賜給人類，就是每週都要大聲地提醒我們，上帝是我們個人的上帝，與我們緊密相連，並深切關心著我們的一切。

接受採訪的人們表示，他們去教會是想要接觸一位富含情感的上帝——知道祂對他們有極深刻、親密的關懷，知道耶穌真的很愛他們。他們渴望瞭解祂的恩典，知道這恩典足夠他們使用，救恩也是為他們而賜下的。

我們如何才能在敬拜中經歷恩典呢？我們如何明白自己生命中

福音的真理呢？我們需要聆聽（一遍又一遍，反覆地聽），還要接受已經歷恩典之人所作的見證。你可以在崇拜聚會中採取下列實用的方法，為恩典枯竭的人群提供福音的活泉：

- **培養敬拜領袖，使他們在靈性方面得以發展。**如果他們都不知道恩典為何物，遑論與他人分享。

- **在每一次的證道和教導中，都要表現福音。**要以一種充滿新意、引人入勝的方式，反覆向人們講述耶穌的故事。我們太容易忘記上帝是愛我們的，我們對祂來說非常重要，所以要反覆提醒你的聽眾有關上帝之愛的根本及藉著恩典賜下的救恩。

- **藉著個人的見證，歌頌上帝無盡的恩典。**這就是將「祂的恩典足夠我用」的應許付諸實踐，以個人的經歷生動表現出來。

- **在牧養祈禱中對上帝慈愛的恩典獻上感恩。**雖然均衡的敬拜包含對罪的懺悔與哀痛，但我們可以透過向上帝獻上感恩的方式使人們進入上帝的恩典之中。

3. 激發希望

　　如今這個世界正承受著各種新聞全天候的連番轟炸，人與人，國與國，以至在整個世界範圍內，都硝煙四起、紛爭不斷，教會必須成為人類的避難所。作為耶穌的肢體，上帝子民的聚集之地，教會勢必要成為擁有新的開始和第二次機會的地方。

　　基督教研究院兼教會顧問賴爾・沙勒曾說，假如你向人們宣揚希望的應許，那麼參加聚會的人數會增長 20%。[7] 一位女士承認道：「整整一週，我的丈夫一發火就會打我，我來教會就是要找尋一線希望。」當人們在安息日的早晨端坐在教會的長椅上時，他們心裡盼望的就是走進上帝的聖殿，得到屬天的安慰和鼓勵。

　　你正與人分享希望的福音嗎？若是教會對你所有的一切品頭論足，那麼你定然很難對它滿懷熱情。但如果我們向他們宣揚充滿恩典、希望、愛和寬恕的好消息的話，就更容易激發人們為耶穌基督而活。人們將會來到耶穌面前，並且樂意在這個充滿愛與寧靜的地方改變自己的生命。

　　如何在崇拜聚會中激勵與會者並帶給他們希望呢？以下列舉數種實用的方法：

- **在耶穌基督裡找到你個人的希望。**作為教會的一員（不論是能言善道的牧師或是寂寂無名的平信徒），你都是在教會氛圍中最具影響力的人物。將基督徒的盼望存在心中，上帝就會使用你來鼓勵更多的人。

- **每一次佈道和安息日學，每一次禱告會和查經課，都要帶給信徒希望。**這個世界上最令人沮喪的事就是上帝對此束手無策。不論你是在宣講耶利米哀歌，或是指責個人的罪孽，都不要忘記高舉耶穌為我們唯一的希望。

- **為喜樂留出空間。**「這些事我已經對你們說了，是要叫我的喜樂存在你們心裡，並叫你們的喜樂可以滿足。」（約翰福音 15：11）不論是藉著祈禱、唱詩、問候或視聽材料，都要使你的敬拜充滿基督徒的喜樂。

- **操練寬恕。**除非你的教會有寬恕的精神，否則崇拜聚會中希望的信息也會因著痛苦與焦慮而難以傳揚開來——那時不論你唱多少首詩歌也於事無補。

 4. 在信仰的團體中感受被愛

「你們要彼此相愛，像我愛你們一樣。」（第 12 節）即使是

對謹守上帝誡命的人來說，這也是難以達成的要求。但不論如何，教會必須成為人們能夠感受到被愛的地方。

如果你像我們一樣，有機會採訪別人，那麼人們會告訴你他們想要一個友善的教會，但我們的研究表明，時移世易，就連友善的含義也發生了變化。過去友善意味著態度友好：見面互相問候，態度和善，並遞上教會公報。如今，友善意味著對人表現出接納與尊重。它代表了在一個安寧友愛的環境中，去教會參加崇拜的綜合體驗。不管來到教會的人們是穿著藍色的西裝或牛仔褲，是拿著一瓶水還是端著一杯卡布奇諾，談論的是關於懷愛倫還是歐普拉（編按：美國著名的電視主持人），在這裡他們都會感受到被歡迎、受尊重而且有價值。

我曾經拜訪過許多教會，其中有一些滿溢著溫暖、友愛與接納；有一些充斥著苛責與誹謗；還有一些則安於現狀，沒有絲毫欲望要將更多的人帶入教會。但我從來沒有聽見任何教會這樣評價自己，「我們表現得過於嚴苛和挑剔，卻失掉了應有的關愛」或者是「我們對教友關懷備至，卻與剛來教會的人疏遠，這樣的話，我們還是沒有表現出應有的關愛。」每一間教會都聲稱自己是充滿愛的教會。根據以下的定義，你的教會真的能夠被稱作愛的教會嗎？

一個充滿愛的教會是⋯⋯

- 由其表現的關愛定義,而非根據例行公事的彼此問候。

- 一個「家」,在這裡人們可以盡情表達自己的恐懼、喜樂、渴望與抱負,不會受到任何譴責與拒絕。

- 是給予在痛苦中掙扎之人支持與幫助的團體。

- 人們能夠透過上帝的子民,實實在在地感受到祂對我們愛的地方。

- 一個不會因不完美而受到排斥的地方,人們在這裡可以發現自己最大的潛能。

- 一個人們能夠坦誠地面對彼此,不會害怕被批判的地方。

- 一個無論是在個人權利、財產、思想、情感和行為上的區別,都不及對彼此的服事及對上帝國度的委身來得重要的地方。

- 是一個美妙的地方,在這裡人們與喜樂的人同樂,而非惡意嘲笑;與悲傷的人同哭,而非受人欺負而哭;寬容別人,也被他人寬容;關愛別人,也被別人關愛。

藉著上帝的恩典與大能，你的教會可以成為一個互相關懷，充滿溫情的信仰團體，在這裡無論是誰都被接納，關愛，教友們為身處於這樣的教會中而欣喜不已，並且迫不及待地要將朋友們一併帶來。最終的結果是，當人們加入我們的教會時，就會產生一種歸屬感和親密感。

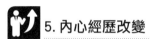

5. 內心經歷改變

大多數教會都在安息日早晨的崇拜聚會花上許多心血，我們通常把它稱作「敬拜良辰」。但這並不能保證人們真的在敬拜上帝！敬拜是發自內心對上帝本身以及祂偉大作為的回應。

與上帝的每一次相遇，祂都會改變我們。真正的敬拜會使人的生活發生改變。它使我們更加親近上帝，彰顯了我們罪惡的本性以及對上帝的需要。這一切都催促著我們要求祂來改變我們。真正的敬拜絕不會使我們安於現狀，不作出任何改變，因為它會從以下幾個方面來影響我們：

- **心靈的回應。**只有發自內心的敬拜才是上帝看為美好的。在敬拜中我們將上帝應得的榮耀歸給祂。在以西結的日子裡，耶和華能夠看透祂子民的偽善，譴責他們空洞的頌讚：「因為他們的口多顯愛情，心卻追隨財利。」（以西結書 33：31）

比起我們的口，上帝更喜悅我們用心來讚美祂。

- **得以改變的生命。**上帝期望敬拜的行為能造就為生命的改變。上帝向祂的僕人以西結抱怨，語調中充滿哀傷：「他們看你如善於奏樂、聲音幽雅之人所唱的雅歌，他們聽你的話卻不去行。」（第 32 節）當我們在上帝面前真正敬拜祂時，就會悔改自己的罪孽，並加深我們與祂之間的關係。

- **不斷成長。**真實的敬拜經常會引導敬拜者作出更大的犧牲。當人們在敬拜中感受到上帝的同在，聽到祂的聲音時，就會跟隨祂的呼召，在基督裡不斷成長，遠遠超過他們先前所體驗到的。

我們可以向人們提供回應的機會，比如敬拜讚美的服事、上台帶領會眾的祈禱，奉獻十分之一和樂意捐，獻上讚歌，或回應佈道結束時的呼召。我們應該對崇拜聚會的每個部分精雕細琢，使其充分彰顯出改變生命的目標。

 **6. 接受挑戰，投身服事**

在新約聖經原文中，「服事」一詞也可以用「崇拜」來表示，所以敬拜與服事並駕齊驅。最真摯的敬拜總是激勵著參與敬拜的人

們去過聖潔的生活，去服事他人。

當先知以賽亞在聖殿中敬拜上帝的時候，他聽到天使的歌唱，「聖哉！聖哉！聖哉！」以賽亞大受感動，即刻懺悔自己的罪，緊接著便得到了赦免的保證。然後主的聲音宣告說：「我可以差遣誰呢？誰肯為我們去呢？」以賽亞被深深打動了，於是回答說：「我在這裡，請差遣我。」（以賽亞書第 6 章）

真正的敬拜總是激勵著人們去服事他人。基督徒常犯的一個錯誤就是將他們的敬拜限制在每週 1 小時內，但上帝絕對值得你用更多的時間去敬拜祂。有一種將一週的時間都用來敬拜上帝的方法，就是過著服事的人生。每一次的集體敬拜都要邀請人們來參與服事的工作。人們需要將他們在敬拜良辰中所學到的、所體驗到的付諸實踐。

 7. 享受卓越生命

一個週五的晚上，我接到了一位教友的電話。我最近才成為這間教會的牧師。「明天的證道您準備分享什麼內容？」她問道。

「這次的內容我會講何西阿書。」
「那麼講道的主題是什麼？」

「有關上帝的愛。」

她謝過我之後，掛斷了電話。

我實在按捺不住心中的好奇，便打電話過去，問她為什麼會對我的證道主題感興趣。她告訴我有一個信奉路德宗的家庭週末將會來拜訪她。儘管她打算邀請他們來做禮拜，但還是「想要確保我所分享的不是什麼稀奇古怪的題目」。這位女士只是要求我所宣講的不會使她難堪，或是讓來訪的一家人感覺受到排擠。

這顯然不是什麼過分的要求，不是嗎？

今天，當人們追求精益求精的時候，教會往往表現得差強人意。似乎顯出「這裡只是教會而已」的心態，好像這裡所發生的事無關緊要，或是這枯燥乏味的敬拜已經足夠交差了。但是，向至高者獻上缺乏誠意的敬拜顯然是遠遠不夠的。

上帝會對你的小組和你的教會每週所獻上的敬拜作何感想呢？這真的是用心靈和真理敬拜祂嗎？或者這僅僅是週五晚上的急就章和安息日早晨的即興創作？來做一個簡單的診斷：你會為邀請他人來教會而感到興奮嗎？（為了幫助領袖團隊對教會的敬拜予以評估和發展，請參閱附錄二「崇拜：反思與評估」）

以下列舉一些能夠幫助你提升崇拜聚會品質的方式：

- 選召與上帝積極配合的人加入敬拜小組。

- 開始恩賜培訓的計劃。

- 計畫至少提前一個月，甚至可以提前一年。

- 用一個主題貫穿整場聚會。

- 服事工作應事先演練。

- 交流的過程中使用各式影音、道具、或圖像等元素。

- 想要預備激動人心的證道，就不要吝惜投入的時間。

- 消除冷場的時段。

- 聚會場所煥然一新：裝飾鮮明，光線充足，音響宏亮。[8]

基督徒敬拜上帝有諸多理由。而我們敬拜是因著祂從前所做的，如今正在進行的，以及將來要藉著祂的兒子耶穌基督和聖靈所要成就的。根據啟示錄 14：6 － 12，敬拜是對上帝創造大工的紀念，以及對福音的頌揚，是信徒們藉著崇拜、敬畏、感恩、遵從、順服的舉動對上帝的仁慈與良善予以回應。

上帝的偉大與其恩典的美妙是大有功效的，足以使生命發生改變，值得人們予以頌揚。這就是當我們聚集敬拜的時候，我們的心渴望經歷的，也是上帝期望以祂的名賜給我們的。

附註：

1. 受訪者包括來自持續增長之教會的 15 位牧師，40 位領袖以及 40 位教友，我們也從停滯或衰退的教會中邀請了同等數量的受訪者，並從當地邀請大約 40 位慕道友接受採訪。正如前文所提到的，持續增長的教會是指在至少連續三年的時間內，該教會在教友人數、受洗人數和赴會人數方面保持 3 － 5% 的增長率。

2. 湯姆・S・萊納《高效的佈道型教會》，第 115 － 116 頁。

3. 另見羅伯特・韋伯《新崇拜覺醒：舊事如今換新顏》（麻塞諸塞州皮博迪：亨德里克出版社，2007），第 13 頁。

4. S・約瑟夫・吉德爾《威嚴壯觀：體驗真實的敬拜》（馬里蘭州哈格斯頓：評論與通訊，2009），第 19 － 20 頁。

5. 其他研究人員也證實這一結論，例如：葛蘭・馬丁和加里・麥金托什《以薩迦因素：理解教會所面臨之趨勢，制定成功之策略》納什維爾：Broadman & Holman 出版社，1993），第 39 頁。

6. 該列表與本章所述其他方法皆出自於健康、增長的教會的實踐，他們利用這些方式向信徒和慕道友提供活力十足、鼓舞人心且高舉上帝的崇拜聚會。

7. 賴爾・沙勒《提高聚會人數的 44 種方式》（納什維爾：阿賓頓出版社，1988），第 23 － 25 頁。

8. 湯姆・S・萊納指出，一般牧師每週可能花 2 小時的來預備講章，但持續增長的教會的牧師每週會用 22 小時來為證道做準備。（《未進教會之人的洞見》第 67，220 － 222 頁）。

第六部分

如今要往何處去？

Where to Go From Here?

　　現在有兩個問題極待解決。**第一，「從這項研究中我們學到了什麼？」**我們發現教會增長是上帝的旨意，只有憑藉祂的力量才能實現。首先，這是上帝在祂的子民、祂的教會和世界中的工作。其次，世界上最有成效的佈道士就是你和我。上帝早已呼召我們與祂並肩作戰。忠貞的信徒所能產生的影響力是無法估量的。你的位置無人可以取代，也沒有人能像你一樣深刻地影響你的家人和朋友。第三，信徒若是為他們的教會而倍感自豪，因他們的主滿懷熱情，就是發展教會最好的時機。第四，四種主要因素需要相輔相成，方

能將教會打造成為令人奮興之地。它們分別是 ──①信賴奇妙上帝、願意培養信徒並為福音分享異象的領袖層；②感動人心、引人歸向耶穌的禱告力量；③滿心喜樂、分享信仰見證的平信徒；④帶著敬畏與尊崇，高舉、榮耀、敬拜上帝的教會。

　　第二個問題是──「擁有這些信息後，我們該如何去做？」我已經整理了簡單可行的十個步驟，祈求能藉此復興你的教會，使它成為上帝心目中的樣子。記住，你所作出的任何努力都會有回報。

最初的十步
The First 10 Steps

在前面各章中，我們已經討論了許多能讓教會健康、成長且具吸引力的要素。此刻許多讀者會提出這樣的疑問：「我們如今要往何處去？我的教會需要做些什麼才能繼續前進？教會應該如何轉變才能成為榮耀上帝的地方——讓信徒因著主心裡火熱，進而使慕道友也能享受到家的溫暖？」以下是我的建議。

十個步驟

 ### 1. 懇切地祈禱

教會想要邁向美好的未來，就要從禱告開始。若只知埋頭苦幹而沒有認真的祈禱，不論我們是多麼天賦異稟或勤奮努力，其結果

總是如出一轍：我們所成就的，僅僅是人所能達到的高度，那揮之不去的感覺便是教會所能達到的理應比這更多。如果我們將耶和華的話存在心中，那就一定不會錯過撒迦利亞書 4：6 的建議：「不是倚靠勢力，不是倚靠才能，乃是倚靠我的靈方能成事。」這是萬軍之耶和華所說的話。毋庸置疑，禱告是教會復興與增長當之無愧的第一步。

我們希望自己的教會時刻有上帝的帶領，那麼就先尋求祂的旨意，指引我們前進的方向。在平日的靈修之外，我們每天必須抽出至少 1 小時為教會、領袖、團契禱告，祈求上帝賜下豐盛的恩典。讓我們向上帝祈求智慧和異象，使我們明白祂對教會所存的心意。祈求上帝讓我們看明祂想要如何藉著教會榮耀祂自己。作為屬靈的領袖，我們的職責不僅僅是引導人們，而是要引導人們行在上帝的道路中。

2. 培養靈性

比起聚會人數或其他標準，健康、持續發展的靈性才是最需要我們看重的衡量標準。為了復興教會或是扭轉不斷衰退的局面，基督徒們盡其所能，嘗試了各種解決辦法：採用各種節目，更換神職人員，制定新的規章制度，設計不同策略，借鑒別處的經驗等等。來自阿爾本研究院的研究員和高級顧問吉伯特‧R‧林德認為這些

方法都不管用，唯一意義深遠且持久的改變是在靈性上的改變。[1]

教會應把工作的重心放在對靈性與復興的強調上，這就要求我們的牧長、領袖和信徒，要將更多的精力投入到靈性的發展上。教會最重要的屬世資產就是信徒。當他們的靈性得以健康成長，裝備完善，就可以為上帝成就偉大的工作。就像在使徒行傳中所描述的：那些全心全意追隨耶穌基督的人，會為上帝和祂的旨意甘心樂意地獻上自己所有的一切。

參與教會的工作也是培養靈性的一部分——從假期聖經學校到安息日學教員會議，再到簡單的服事工作——本質上來說，這些都是基督國度的工作。如果不是，那就停下來不要做。如果是，就要像對待自己的任務那樣，滿懷著興奮與神聖之感盡心盡力地完成。同時，要堅定他人，鼓勵他們擔任基督國度的工作。最重要的是，要不斷提醒自己與他人，教會的工作不但重要，而且關乎永恆。

 3. 懷抱基於信仰的樂觀態度

上帝能成就奇妙且令人讚歎的事。祂曾創造宇宙萬物，並用祂話語的權能托住萬有（希伯來書 1：3），所以做了不起的事情正是祂的專長。相信永生的上帝，相信祂話語中的權能會使教會在健康和方向上煥然一新。就讓我們懷抱著這由信仰而生、滿有希望的

期待，並將它傳遞給你信仰團契的每一位成員。無論是公開或私下的交流，都要表現出這種基於信仰的樂觀態度。要一遍又一遍地重複這一事實：「上帝能將不可能變為可能——而且祂甚願在這裡成就！」

 4. 鑄造夢想教會的異象

　　上帝為你的教會打造了一個夢想，它至少涵蓋了你所希冀的一切。想像有這樣的地方，人們可以在此體驗福音的大愛，這是一個充滿禱告之音和聖靈大能的團體，在當地的社區中代表著永恆的改變，教會中的敬拜令人激動不已，每個人都願意與有需要的人分享一切。在你個人的禱告中，祈求上帝使你看到，藉著祂，你的教會將會變成怎樣一番光景，那一定是個讓人興奮不已的異象。

然後與信徒分享這異象，喚醒他們心中對夢想教會的渴望。要描繪一些美好的事物來激起他們的志向：「我想要為此而奮鬥！我想要將我的時間、金錢和才幹奉獻給這樣的教會！我希望成為其中一分子。」從積極的視角出發，引導他們對事情的現狀產生不滿。許多人也曾經對夢想中的教會產生稍縱即逝的期待，結果還是無奈接受了現狀，他們覺得，這也許就是本來應該有的模樣。但當我們有了耶穌基督，就不必被現實的狀況纏累。要鑄造起夢想之教會的異象，信徒的心中自然也會產生共鳴——這也會給你的教會帶來力量。

5. 增進與現有領袖的關係

領袖之間若起了爭執與矛盾，就會使教會陷入停滯甚至衰退的狀態。領袖間若能保持良好的關係，對他們所領導的組織效率大有裨益。對於教會來說，就是要順從聖經的命令，要彼此相愛如同弟兄姐妹，並且要強化這些關係。

確保你是在同一個團隊的領導下，朝向同一個目標前進。要與在教會中擔任職份的領袖（有著正式頭銜的人）以及具有影響力的領袖（也許沒有正式頭銜，但在教友中的地位舉足輕重的人）建立良好的關係。

6. 成為扶持領袖的人

失去領袖，任何事都做不成。領袖的特質是鼓舞人心，他們會從事各項事工，為教會制度加油打氣，建立小組的工作，鑄造異象，並且指導、訓練教友。舉個例子，若是兒童事工沒了領袖，那麼就沒有人提出異象或夢想，沒有人設置課程，沒有人教導兒童，沒有人準備材料或零食，也沒有人來監督目標是否達成。簡而言之，兒童事工將不復存在，也就沒有年輕的家庭能被吸引到教會中來。

如果扶持領袖看起來太佔用時間或太麻煩，就要想想耶穌為我們作的榜樣，祂將在世上的工作重心都放在了這一小群門徒身上，正是這些門徒在耶穌離世後，在聖靈大能的幫助下，引導教會的發展。你在甄選、培訓、培養教會領袖所花費的時間、精力和資源，都將得到豐厚的回報。

7. 開始進行改善的工作

即使是小小的改變，也能對教會的氛圍產生極大的影響，其結果可能讓你大吃一驚。也許只需重新粉刷小學的教室，或是重新設計公告欄，或是為花壇除草，這些看似不起眼的改變其實是在作出鄭重地宣告：這是一個值得傾注心血的地方。對於會眾來說，它們就像是小小的「勝利」，對於即將在未來數年中經歷巨大改變的教

會來說，這是必不可少的經驗。信徒需要看到事情正向美好的方向
發展，這時他們會產生一種正確的意識，就是要為自己的教會感到
自豪。

 ## 8. 改良崇拜聚會

正如前文所提到的，教會的復興總是與崇拜的復興形影不離。
這是放之四海而皆準的真理，只是在今天更加突顯出來。[2] 在對許
多人進行採訪之後，我們清楚地看到，多數人渴望參與充滿活力、
激動人心的敬拜。許多人的心中盼望著與上帝相遇，感受祂的同在，
並活在祂大能的蔭蔽下。只要人們心中的渴望不湮滅，崇拜聚會便
會成為他們衡量教會的重要標竿。僅僅出於這一點，就值得我們給
予特別的關注，並為此常常禱告。

雖然人們渴望感受到上帝的同在，但可惜的是，教會中的許多人都未曾有這樣的經歷。對成長教會時研究顯明每次教會致力於禱告、門徒培訓以及崇拜的復興，教會就會恢復健康的狀態，並開始發展。這樣的情況有廣泛的研究結果作為支持，證明崇拜聚會對福音傳播、門徒訓練和新信徒的融入有極大的推動作用。[3] 一個實例足以證明這一點，曾有基督復臨安息日教會集中精力追求崇拜的復興，並因著人們的需要又增加了一場崇拜聚會，結果聚會人數一度超過 7 百人。

 9. 精簡教會架構

教會體系和政策的基本目標應該是實現福音的使命，將耶穌基督的好消息帶給在世上苦苦掙扎的人。有許多人曾向我們反映，在他們看來目前教會的架構更像是福音工作的銅牆鐵壁而非幫助。應盡可能地取消層層的官僚機構，為那些對事工有新想法或是投身於現有計劃的人開闢更廣闊的田地。要使見證、服事、受培訓、尋找資源、開始新事工都變得盡可能簡單易行。

 10. 運用批判性思維

作為屬靈領袖極易忽視的一項任務，就是定期反思個人的服事工作以及會眾向著上帝異象邁進的情況，但它對於持續評估現已

開展的工作及探索更好的工作方法來說是不可或缺的。我建議每週抽出 2 小時來對個人的事工進行反思。你這週工作完成得如何？自己所定下的目標完成了嗎？如何提升證道的品質？採用何種方法才能使教會內外的人更明白福音？你召開的會議有效嗎？是否是以基督為中心且屬靈的會議？藉著上帝豐盛的恩典，評估過去一週的工作，爭取下一週能做得更符合祂的心意。

除了個人反思的時間，以小組的形式討論教會的優缺點以及各項活動是行之有效的方法。[4] 當你召開堂董會時，可以請他們對你的服事以及教會的各項工作進行討論。要坦然接受他們的批評和建

議。請他們將心中所想表達出來，這樣你也可以從中受益。在其他的小組中，這樣的方法同樣行之有效。安息日學會議、長老執事團、青年團甚至關懷小組，永遠不要有你所做的一切都是完美無缺的念頭，但永遠要樂意讚美那願意賜福給不完美之人的主。

此外，有成效的領袖會將批判思維付諸實踐，而非單純照搬別人的想法、計畫或異象。為要應付而排出滿滿的時間表，牧師們往往疲於奔命，希望凡事立竿見影，但他們太少作出批判性的思考，大多數時候都在硬套別人的方法。**在努力發展教會的過程中，他們照抄現有的模式，並將力氣花在各種教會計劃的推行上。這可悲的後果便是，教會節目——而非救靈工作——反成了教會的使命。**

領袖的心意是要瞭解人們特殊的狀況，切中要害卻又不失體貼地詢問，並提出解決的辦法以滿足這個時代的需求。一位屬靈的領袖總是要面對三個基本問題：我們要在何處與上帝一起動工？在我們所做的事上，如何才能更有成效？我們正在從事的工作是否已經不再有果效？（面對一直不見起色的工作，我們應有壯士斷腕的勇氣，或是重做調整使其面貌煥然一新。）

結語

我們的研究表明在北美分會區域內的復臨教會，在增長方面

正呈現出令人不安的趨勢。將教友增長率與當地人口增長率作對比後，就可以看出復臨教派正處於萎縮的狀態。如今要使人歸主，需要花費更多的資源。

今天教會面臨的挑戰可謂多樣且嚴峻，然而當我們尋求出路時，切莫忘記在這天地間只有一個源頭可以滿足我們最深切的需要：救主耶穌基督。古往今來，教會總是面臨著來自內部或外界的種種嚴峻的挑戰——迫害、妥協、紛爭、世俗主義、冷漠與拜金傾向。然而上帝曾應許祂必常與我們同在，直到世界的末了（馬太福音 28：18－20）。祂向我們保證教會將一直前進直到取得勝利，因為它是「上帝特別賜予無上關懷的對象」[5]。有了上帝的賜福，你夢想中的教會一定會成為現實。

今日教會最為迫切的需要不是一個新的佈道計畫，而是一種全新的激情；莫要活在過去的陰影中，要投身當下，展望未來；不要依賴於人的努力，而要仰望天父的權能。今日教會所聽到的宣教呼召，若用屬世的方式或想法就永遠不能實現，只有緊緊依靠我們的主耶穌基督，祂曾告訴我們，若離了祂，我們什麼事也不能做（約翰福音 15：1－5）。因此，當我們踏上通向未來的旅程前，邀請上帝來帶領我們，在路的前方，將有教會最美好的日子在等待著我們。

附註：

1. 吉伯特 ·R· 林德，《在教會中引領變革》（阿爾本研究院，1998），第 35 － 37 頁）。

2. 華德凱瑟，《哭求復興》，第 11 － 25 頁。

3. 湯姆 · 萊納，《寄予厚望的教會》，第 174 － 175 頁；喬治 · 巴納，演講，基督復臨安息日會宣教大會，2009 年 1 月。

4. 想要獲得有益且符合聖經教訓的幫助，請參閱附錄三，「上帝對教會及教會領袖的測驗」。

5. 懷愛倫，《使徒行述》（加州山景城：太平洋出版社，1911），原文第 12 頁。

附錄一

尋找具有
領袖潛質的人
The Search for Promising Leaders

發現新領袖

以下有 12 種方法用來幫助發現未來的領袖人物。我稱其為領袖潛質的 12 個特徵：

1. **曾有領導的經驗。** 過去是未來最好的預言家。

2. **有建立或抓住異象的能力。** 面對挑戰卻不躍躍欲試的人，不能成為優秀的領袖。

3. **具有不滿足於現狀的建設性精神。** 你有沒有想過是否可以採取更好的辦法？

4. **確實可行的想法。** 領袖似乎有能力辨別出哪些想法切實可行，哪些想法天馬行空。

5. **願意承擔責任。** 領導能力關乎成就感 —— 幫助他人也能帶來喜悅之情。

6. **完成工作進度的指數。** 工作一旦進行，就必須完成，半途而廢不是明智的選擇。

7. **心靈堅忍不拔。** 凡成為領袖的人，必受到批評或面對挫折。

8. **同行的尊重。**

9. **家庭的尊重。**

10. **具有使人樂於順從他們的特質。**

11. **堅定地委身於上帝和教會。**

12. **靈性強健，與主同行。** 一位好的領袖擁有耶穌般的品格與智慧。一生福杯滿溢。

四項性格檢測指標：

1	此人更傾向於得人的喜悅還是榮耀上帝？
2	此人具有毀滅性的弱點或罪惡嗎？
3	若面對合理的質疑，此人能保持信心、不輕言放棄嗎？
4	我可以為此人的成功提供環境嗎？

附錄二

崇拜：反思與評估
Worship : Reflection and Assessment

開始的問題

　　對崇拜聚會的改善最終都要落實到實際的改變上，但這並非起點。作為上帝的教會，我們與祂的神聖崇拜密不可分，我們最好仔細思考崇拜的目的。下面是為敬拜小組或領袖們專門設立的一系列問題，這在評估及發展其崇拜服事上大有裨益。

- 我們崇拜的目的是什麼？
- 在基督徒的生活中，崇拜的意義何在？
- 我們預期教會聚會的人在敬拜時，會有什麼樣的體驗？
- 我們心中真正期望參加敬拜的人得到何種體驗？
- 我們敬拜的中心是什麼？

- 我們敬拜的對象是誰？為了誰而敬拜？
- 在我們的敬拜經驗中，上帝、耶穌和聖靈的角色是什麼？
- 我們「教導」崇拜的水準如何？我們的榜樣如何？
- 我們如何幫助人們認識自己身為上帝子民的角色，並恢復群眾敬拜的意識，而非將其定位為不同個體的集合？

崇拜聚會後的評估

為了使崇拜聚會深深紮根於其目的，並保持良好的品質，特列舉以下問題，可供崇拜小組在聚會結束後用 5 − 10 分鐘進行評估。

1	今天我們在實現崇拜聚會的目標上表現得如何？
2	怎樣做可以提高崇拜聚會的品質？要強調優點。
3	哪些是對提高聚會品質毫無益處的行為？要修正缺點。
4	對於第一次參加聚會的人，我們的崇拜內容是否簡明易懂，而對於信徒和慕道友，是否足以感受到信息的緊迫性？
5	在我們的崇拜中何時是上帝同在的時刻，我們應當怎麼做，才能使這一刻鮮明而強烈的表現出來？這是在崇拜聚會中我們得見上帝的那一刻——是我們的心觸碰祂的心的那一刻。

附錄三

上帝對教會及教會領袖的測驗

（根據以弗所書 4：11 － 16）

God's Exam for Churches and Church Leaders

（Based on Ephesians 4:11-16）

下列聖經上的問題對於堂董會和培訓事宜頗有幫助：

① 當個人的生命受到你的教會關懷時，會有怎樣永恆的意義臨到他們呢？（11 節）

② 信徒參與哪些服事工作？（12 節）

③ 信徒參與事工的比例是多少？（12 節）

④ 信徒參與事工是否在信心、知識和生命上有所成長？（13 節）

⑤ 信徒的生活方式是否展現了基督的原則和品格？（13節）

⑥ 信徒的生活方式有幾成能夠表現出不斷成長的基督徒樣式？（13節）

⑦ 信徒中信心容易動搖，易受魔鬼欺騙的人數比例是多少？（14節）

⑧ 你的教會是否經歷了屬靈和人數上的增長？（15節）

⑨ 信徒間是否相互陶冶，彼此建造？（16節）

⑩ 你要怎樣做才能忠於聖經的教導？

學習單

自我操練

傑瑞·福爾 著

Study and Implementation Guide
by Jerry Fore

第1章 聖經怎樣談論教會增長？
What Does the Bible Say about Church Growth?

1. 請描述早期教會的快速增長。使徒行傳 2:42-47

_____

2. 請說出教會增長的三種類型。

① _____

② _____

③ _____

3. 現今一個健康的教會通常具有哪七種特徵？

① _____

② _____

③ _____

④ _____

⑤ _____

⑥ _____

⑦ _____

4. 傳福音既包括向人_____，

也包括說服個人_____。

個人思想與應用

對我個人而言，這一章的中心思想是：

_____

團體思想與應用

對於現今的教友們來說，最應該具備的特質是什麼？

① _____

② _____

③ _____

佳句摘錄

　　如果你希望你的教會成為不斷擴展的教會，就要回歸本源：學習如何禱告與敬拜，學習讀經，依照基督的心意生活，再學習如何彼此相愛，並愛那些迷失的靈魂。要營造一種氛圍，使人明白迷失的人對於上帝來說甚為重要。倘若你能做到這一點，你和你的教友們將擁有傳福音的異象，不論你們走到哪裡，在任何環境和條件下，都能夠抓住機會與人分享耶穌。

第 2 章

教會增長中最重要的因素：
基於信心的樂觀精神
The Most Important Ingredient in Church Growth:
Faith-based Optimism

1. 教會增長中最重要的因素就是要有得勝的＿＿＿＿＿＿＿＿＿＿，
   它是基於對上帝的＿＿＿＿＿＿＿與＿＿＿＿＿＿＿＿＿＿
   仰賴。

2. 什麼樣的態度會阻礙教會人數的增長？

   ＿＿＿＿＿＿＿＿＿＿＿＿＿＿＿＿＿＿＿＿＿＿＿＿＿＿＿＿＿＿

   ＿＿＿＿＿＿＿＿＿＿＿＿＿＿＿＿＿＿＿＿＿＿＿＿＿＿＿＿＿＿

   ＿＿＿＿＿＿＿＿＿＿＿＿＿＿＿＿＿＿＿＿＿＿＿＿＿＿＿＿＿＿

個人思想與應用

對我個人而言，這一章的中心思想是：

＿＿＿＿＿＿＿＿＿＿＿＿＿＿＿＿＿＿＿＿＿＿＿＿＿＿＿＿＿＿

＿＿＿＿＿＿＿＿＿＿＿＿＿＿＿＿＿＿＿＿＿＿＿＿＿＿＿＿＿＿

團體思想與應用

教友們該如何培養出「基於信心的樂觀精神」？

_____

_____

_____

_____

_____

佳句摘錄

　　我們沒有辦法改變過去或是人們做事的模式，也沒有辦法改變那些必然發生的事，唯一能做的就是選擇我們的態度。

重新定義聖經中屬靈領袖的角色：仰望耶穌

Redefining the Biblical Role of the Spiritual Leader:
Looking to Jesus

1. 你個人如何看待你們教會的牧師所扮演的角色？

_____

_____

_____

2. 教友們如何看待你們教會的牧師所扮演的角色？

_____

_____

_____

3. 請說出耶穌在牧養方面的五大重點要務：

① _____

② _____

③ _____

④ _____

⑤ _____

個人思想與應用

對我個人而言，這一章的中心思想是：

_____

_____

_____

團體思想與應用

教友們能做的重要任務有：

① _____

② _____

③ _____

佳句摘錄

教會中真正的領袖是僕人式的領袖。耶穌來，是要服事人，而非受人的服事 —— 要獻上祂的生命為祭。祂如今也呼召我們這樣做。

第 **4** 章　作扶持領袖的人：裝備激勵平信徒為上帝成就偉大的事

Be a Leader Maker:
Equipping and Motivating the Laity to Do Great Things for God

1. 教會的增長並不取決於＿＿＿＿＿＿＿＿做了什麼，而是在於取決＿＿＿＿＿＿做了什麼。

2. 裝備和訓練的工作絕不應該由＿＿＿＿＿＿＿＿＿來完成。

3. 每個教會的增長都與其＿＿＿＿＿＿＿＿成正比。所開展的事工越多，就越有＿＿＿＿＿＿＿＿的可能性。但所有的事工都倚賴上帝所啟示的領袖。教會中的每一位傳道人或領袖都應祈禱，並力圖成為其他人的＿＿＿＿＿＿＿＿＿。若＿＿＿＿＿＿＿不擴大，＿＿＿＿＿＿＿＿也無法增長。

4. 約翰・麥克斯韋爾認為教會領袖有兩種：努力建造＿＿＿＿＿＿的人，和為＿＿＿＿＿＿＿發展信徒的人。

5. 我們該怎麼做才能激發大家願意主動參與教會事工？

＿＿＿＿＿＿＿＿＿＿＿＿＿＿＿＿＿＿＿＿＿＿＿＿＿＿＿＿＿

＿＿＿＿＿＿＿＿＿＿＿＿＿＿＿＿＿＿＿＿＿＿＿＿＿＿＿＿＿

6. 要想培訓一個人，最有效的方法是什麼？

＿＿＿＿＿＿＿＿＿＿＿＿＿＿＿＿＿＿＿＿＿＿＿＿＿＿＿＿＿

個人思想與應用

對我個人而言，這一章的中心思想是：

_____

_____

團體思想與應用

本年度對教友們而言，最迫切需要的核心牧養事工有哪些？教友們該如何做，才能邀請更多人樂意參與傳道事工？

_____

_____

佳句摘錄

　　上帝在每一位領袖心中都生發一種特定的事工或領導力，催促其履行。當上帝將它放在人心中時，祂同樣也會賜給人做這件事的熱忱、渴望和技巧，並在整個過程中提供各樣資源。

第 5 章　以耶穌為中心的生活
The Jesus-centered Life

1. 說一說，你理想中的教會是什麼樣子呢？

_____

_____

2. 請列出使徒行傳第 2 章描述之早期教會特點，並按 1 至 4 圈選（完
   全不符合至完全符合）評量自己的教會是否符合這些特徵。

⏺ _____的教會

我們的教會　　1　　　　2　　　　3　　　　4
　　　　　　完全不符合　不太符合　大致符合　完全符合

⏺ _____的教會

我們的教會　　1　　　　2　　　　3　　　　4
　　　　　　完全不符合　不太符合　大致符合　完全符合

⏺ _____的教會

我們的教會　　1　　　　2　　　　3　　　　4
　　　　　　完全不符合　不太符合　大致符合　完全符合

⏺ _____的教會

我們的教會　　1　　　　2　　　　3　　　　4
　　　　　　完全不符合　不太符合　大致符合　完全符合

⏺ _____的教會

我們的教會　　1　　　　2　　　　3　　　　4
　　　　　　完全不符合　不太符合　大致符合　完全符合

個人思想與應用

對我個人而言，這一章的中心思想是：

_____

團體思想與應用

教會可以做出哪些努力，使更多人願意投身於傳道事工？

_____

思考早期教會的特色，有哪些強項是我們可以學習的？

_____

思考早期教會的特色，有哪些缺失是我們可以避免的？

_____

我們該如何善用自己的強項，使教會更加興旺？

_____

我們該如何改善自己的缺失，使教會更加興旺？

_____

佳句摘錄

靈性攸關我們整個生命和整個人。在使徒行傳中我們所看到的教會描述了一種全面的屬靈生活，強調了信徒經驗的整體性。

第6章 對上帝的同在滿懷熱情
Passion for God's Presence

1. 「不是倚靠＿＿＿＿＿＿＿＿，不是倚靠＿＿＿＿＿＿＿＿，乃是
   倚靠＿＿＿＿＿＿＿方能成事。」（撒迦利亞書4：6）「勢力」
   一詞的含義代表人類所能想像的一切聰明智慧。

2. 我們不需要更多的＿＿＿＿＿＿＿＿＿＿＿＿＿＿＿＿＿＿＿＿＿

   我們需要＿＿＿＿＿＿＿＿＿＿＿＿＿＿＿＿＿＿＿＿＿＿＿＿＿。

   我們不需要更多的＿＿＿＿＿＿＿＿＿＿＿＿＿＿＿＿＿＿＿＿＿

   我們需要更多的＿＿＿＿＿＿＿＿＿＿＿＿＿＿＿＿＿＿＿＿＿＿。

   我們也不需要更多的＿＿＿＿＿＿＿＿＿＿＿＿＿＿＿＿＿＿＿＿

   我們需要更多的＿＿＿＿＿＿＿＿＿＿＿＿＿＿＿＿＿＿＿＿＿＿。

個人思想與應用

若你將自己的生活改變為禱告的生活，上帝能與你一起、或是在你
身上，藉著你成就何等的事呢？

＿＿＿＿＿＿＿＿＿＿＿＿＿＿＿＿＿＿＿＿＿＿＿＿＿＿＿＿＿＿＿

＿＿＿＿＿＿＿＿＿＿＿＿＿＿＿＿＿＿＿＿＿＿＿＿＿＿＿＿＿＿＿

＿＿＿＿＿＿＿＿＿＿＿＿＿＿＿＿＿＿＿＿＿＿＿＿＿＿＿＿＿＿＿

＿＿＿＿＿＿＿＿＿＿＿＿＿＿＿＿＿＿＿＿＿＿＿＿＿＿＿＿＿＿＿

團體思想與應用

我們教會可以做哪些事，讓聖靈的大能在教會裡動工？

_____

_____

_____

_____

佳句摘錄

　　上帝呼召我們與祂同在。唯有這樣，上帝才能差遣我們出去傳道、教導、愛人如己並改變這個世界。

第 **7** 章　建立禱告的殿
Building a House of Prayer

下列是建立禱告之殿的步驟。我們該如何將每一步驟應用在我們自己的教會中呢？

1. 建立熱衷於禱告的領袖層。

_____

2. 灌輸異象。

_____

3. 教導人們如何祈禱。

_____

4. 堅持到底。

_____

5. 為祈禱提供機會。

_____

6. 著重為尚未得救的靈魂禱告。

_____

7. 強調透過祈禱贏得勝利。

_____

個人思想與應用

我該做些什麼才能使自己成為禱告勇士？

_____

_____

_____

_____

佳句摘錄

　　以下是一個簡單的方法，也許會幫助我們擺脫因似乎沒有答案的祈禱所造成的困擾。

　　當你的要求錯了的時候，上帝說：「不行！」

　　當時機不對的時候，上帝說：「且慢！」

　　當你犯錯的時候，上帝說：「你需要成長！」

　　當一切就緒時，上帝說：「讓我們開始吧！」

第 8 章　多數教會缺少的要素
The Missing Ingredient in Most Churches

1. 在我們採訪興旺的教會教友之過程中，我們注意到凡是健康、壯大的教會都有一種特別的要素，這是停滯或衰退的教會所沒有的。這一要素就是＿＿＿＿＿＿＿，而大多數教會在這方面的表現都不夠。本章中我會使用「熱忱」和「激勵」作為同義詞。簡單來說，熱忱就是化信心為行動。

2. 研究結果表明，至少有七種要素促成人們對其教會充滿熱忱。請按這七種因素，依照 1 至 4 圈選（完全不符合至完全符合）評量自己的教會是否符合這些要素。

◉福音的經驗。

| 我們的教會 | 1
完全不符合 | 2
不太符合 | 3
大致符合 | 4
完全符合 |

◉投身於一項事業。

| 我們的教會 | 1
完全不符合 | 2
不太符合 | 3
大致符合 | 4
完全符合 |

◉愛與接納。

| 我們的教會 | 1
完全不符合 | 2
不太符合 | 3
大致符合 | 4
完全符合 |

◉溫馨喜樂的氛圍。

| 我們的教會 | 1
完全不符合 | 2
不太符合 | 3
大致符合 | 4
完全符合 |

◉高舉上帝的敬拜。

| 我們的教會 | 1
完全不符合 | 2
不太符合 | 3
大致符合 | 4
完全符合 |

●富有意義且相互關聯的事工。

我們的教會　　1　　　　2　　　　3　　　　4
　　　　　　完全不符合　不太符合　大致符合　完全符合

●卓越感。

我們的教會　　1　　　　2　　　　3　　　　4
　　　　　　完全不符合　不太符合　大致符合　完全符合

個人思想與應用

對我個人而言，這一章的中心思想是：

_____

團體思想與應用

我們可以做哪些事來促進對教會的熱忱？

_____

_____

佳句摘錄

　　在研究增長的教會與衰退的教會之間的差異時，我們總結得出，後者的教友們對他們的教會的態度既不褒也不貶，或是羞於提起。相比之下，前者的教友則為他們欣欣向榮的教會而倍感驕傲，在這裡他們舉行敬拜、參與團契活動，愛戴他們的牧師，並且渴望參與安息日學和崇拜聚會。歸根結底，他們為上帝而感到自豪，是祂在他們中間，為他們成就不可思議的事。

第 9 章 世界上最有成效的佈道士
The Most Effective Evangelist in the World

1. 在針對影響人加入教會的因素所做的研究中，其各項因素之綜合
   百分比皆不同。請將每一項因素所佔的百分比寫下來：
   _____自幼在復臨信徒家庭中成長
   _____朋友或親人介紹
   _____透過相關書籍和報章雜誌介紹
   _____大型的佈道活動
   _____家中查經
   _____牧師拜訪
   _____電視及廣播節目
   _____聖經函授課程
   _____網路資訊
   _____其他（基督教教育及教師）

2. 不論是根據正式的研究成果，或是現場非正式的資料收集，我們
   都可以明顯看出，這個世界上最有成效的傳教士是對你我感興
   趣，並以一種_____且_____的方式
   將耶穌分享給我們的人。

3. 以下是十種簡易可行的方法，可以幫助你為基督贏得他人。
   1 每年有計劃地_____。
   2 每天為他們_____。
   3 _____他們的需要。
   4 與他們分享_____。
   5 選擇適當的時機，與他們分享_____。

6 向他們＿＿＿＿＿＿＿ 耶穌。

7 在恰當的時候，＿＿＿＿＿＿＿ 參加聚會，音樂會、復活節或耶誕節的特別節目、佈道大會、小組活動，或你認為合適的任何活動。

8 與他們一起＿＿＿＿＿＿＿ 聖經。

9 ＿＿＿＿＿＿＿ 新信徒。

10 教導他們＿＿＿＿＿＿＿ 。

個人思考與應用

我若想和朋友分享個人信仰，可以透過哪些方法？

_____

團體思考與應用

若有訪客到我們教會參與活動，我們該如何營造一個對他們而言感覺友善且容易融入的環境氛圍？

_____

_____

佳句摘錄

毋庸置疑，領人信從福音最有效的方式就是通過個人的影響力。

第10章 連鎖反應：家庭佈道法
Chain Reaction : Oikos Evangelism

定義：新約聖經中的希臘用語 Oikos 的字面意義是「家庭」，聖經用它來表明自然人際關係的影響。

1. 我們可以從聖經中找到哪些範例，是人們將他們的親朋好友帶到耶穌面前呢？

_____

2. 家庭佈道法──藉由人際關係分享信仰之所以產生如此顯著的影響是因為它是一種最_____的方式。

3. 家庭佈道法──藉由人際關係分享信仰，此方法有兩個前提：第一，當我們經歷了耶穌，得享祂賜下的喜樂，我們就會迫不及待地_____；第二，當我們所愛的人看到我們身上的轉變，他們會想_____，並且樂意親身體驗這種改變。

個人思考與應用

列出三位你可以立即聯繫的朋友。

① _____

② _____

③ _____

你和他們每個人有何共通之處？

① _____

② _____

③ _____

你如何和他們三個人談論信仰方面的事？

① _____

② _____

③ _____

團體思考與應用

我們如何營造一個可以鼓勵教友與親友聯繫的友善環境呢？

_____

佳句摘錄

　　家庭佈道方式是最為有效的傳道途徑，低成本，高回報，經常使整個家庭都來到上帝面前，並且不斷有新的傳福音物件加入進來。整個過程以一種從容不迫的方式，在充滿愛與接納的氛圍中，基於我們已有的人際關係向前穩步推進。你的家人和朋友本就喜歡、信任你，這比傳播福音的「專業人士」更占先機。你所認識的人群是上帝所賜給你服事的禾場。

第11章 渴望改變：今天我們所面臨的挑戰
Dying for Change : The Challenges We Face Today

1. 思考教會所面臨的挑戰。請按下列項目，依照1至4圈選（完全不符合至完全符合）評量自己的教會是否亦面臨這些符合這些因素。

●缺乏持久的屬靈生活。

我們的教會　　1　　　　2　　　　3　　　　4
　　　　　　完全不符合　不太符合　大致符合　完全符合

●傳福音並沒有成為我們大多數教友的核心價值。

我們的教會　　1　　　　2　　　　3　　　　4
　　　　　　完全不符合　不太符合　大致符合　完全符合

●在吸引年輕人來教會這方面乏善可陳。

我們的教會　　1　　　　2　　　　3　　　　4
　　　　　　完全不符合　不太符合　大致符合　完全符合

●我們沒法吸引或留住新的信徒。

我們的教會　　1　　　　2　　　　3　　　　4
　　　　　　完全不符合　不太符合　大致符合　完全符合

2. 需要改變

1 我們可以＿＿＿＿＿＿＿＿做我們所做的事，好讓我們最後變得＿＿＿＿＿＿＿＿，或者選擇滿懷著主賜予我們的勇氣，＿＿＿＿＿＿＿＿到一場冒險之旅中，它會使我們和我們所生活的世界＿＿＿＿＿＿＿＿。

2 我們必須從注重計劃到注重＿＿＿＿＿＿＿＿。

3 從單單參與＿＿＿＿＿到成為屬靈的＿＿＿＿＿。

④我們必須從注重計畫到注重＿＿＿＿＿＿。

⑤從以事件為導向到注重＿＿＿＿＿＿。

⑥從停滯邁向＿＿＿＿＿＿。

⑦從靈性上的癱瘓轉為＿＿＿＿＿＿。

個人思考與應用

我個人需要做出什麼樣的改變，才能連帶地改變我自己和周遭之人的生命？

＿＿＿＿＿＿＿＿＿＿＿＿＿＿＿＿＿＿＿＿＿＿＿＿＿＿＿＿＿＿＿

團體思考與應用

在上述的各項改變中，哪些是我們教會立刻應該著手進行的？

①＿＿＿＿＿＿＿＿＿＿＿＿＿＿＿＿＿＿＿＿＿＿＿＿＿＿＿＿＿＿＿

②＿＿＿＿＿＿＿＿＿＿＿＿＿＿＿＿＿＿＿＿＿＿＿＿＿＿＿＿＿＿＿

③＿＿＿＿＿＿＿＿＿＿＿＿＿＿＿＿＿＿＿＿＿＿＿＿＿＿＿＿＿＿＿

佳句摘錄

　　這項研究表明健康高效的教會為了接觸社區的居民，每年都要交互運用至少九種「長期牧養」和「短期培訓」的佈道方式。……不是只有專門用來傳福音的方式才能取得效果──關鍵是看人們如何運用。

第12章 你所渴望的敬拜經驗
The Worship Experience Your Heart Longs For

1. 怎樣才算得上是好的崇拜聚會？

_____

2. 人們期望從崇拜聚會中獲得什麼？

_____

3. 聚會結束後，什麼樣的經歷使他們念念不忘？

_____

4. 高舉上帝的崇拜聚會有哪幾項重要特質？請列出並寫在下面空格。

1 _____

2 _____

3 _____

4 _____

5 _____

6 _____

7 _____

個人思考與應用

你認為一場有意義的崇拜聚會應具備哪些特質？

_____

_____

團體思考與應用

我們應該如何安排一場可以滿足赴會者需要的崇拜聚會？

_____

_____

佳句摘錄

　　這項針對蓬勃發展的地方教會的研究明明白白地指出，如今教會若沒有充滿活力且鼓舞人心的敬拜就無法增長。教會應強調敬拜體驗，並要在這件事上投入時間、創新，使之多樣化。沒有什麼固定的敬拜風格可以脫穎而出——更確切的說這件事關係到敬拜體驗的品質。

　　不論是個人還是集體，每一種崇拜的經驗都應該以一種充滿新意且意味深長的方式鼓勵我們經歷上帝的同在。它應引導我們來到施恩寶座前，使我們收穫希望與新生，並受到鼓勵投身於事工和服務之中。

第 **13** 章　**最初的十步**
The First 10 Steps

1. 懇切地＿＿＿＿＿＿＿＿＿＿ 。

2. ＿＿＿＿＿＿＿＿＿＿＿靈性。

3. 懷抱＿＿＿＿＿＿＿＿ 的樂觀態度。

4. ＿＿＿＿＿＿＿＿＿＿教會的異象。

5. 增進與＿＿＿＿＿＿＿＿ 的關係。

6. 成為＿＿＿＿＿＿＿＿＿的人。

7. 開始進行＿＿＿＿＿＿＿＿的工作。

8. 改良＿＿＿＿＿＿＿＿ 。

9. 精簡＿＿＿＿＿＿＿＿ 。

10. 運用＿＿＿＿＿＿＿＿思維。

個人思考與應用

我該如何做才能令我們的教會更好？

＿＿＿＿＿＿＿＿＿＿＿＿＿＿＿＿＿＿＿＿＿＿＿＿＿＿＿＿＿＿＿

＿＿＿＿＿＿＿＿＿＿＿＿＿＿＿＿＿＿＿＿＿＿＿＿＿＿＿＿＿＿＿

＿＿＿＿＿＿＿＿＿＿＿＿＿＿＿＿＿＿＿＿＿＿＿＿＿＿＿＿＿＿＿

＿＿＿＿＿＿＿＿＿＿＿＿＿＿＿＿＿＿＿＿＿＿＿＿＿＿＿＿＿＿＿

團體思考與應用

我們的教會應該即刻進行的改變有哪些？

① _____

② _____

③ _____

④ _____

佳句摘錄

今日教會最為迫切的需要：

　　不是一個新的佈道計畫，

　　而是一種全新的激情；

　　莫要活在過去的陰影中，

　　要投身當下，展望未來；

　　不要依賴於人的努力，

　　而要仰望天父的權能。

今日教會所聽到的宣教的呼召，若用屬世的方式或想法就永遠不能實現，只有緊緊依靠我們的主耶穌基督，祂曾告訴我們，若離了祂，我們什麼事也不能做（約翰福音 15：1 — 5）。因此，當我們踏上通向未來的旅程前，邀請上帝來帶領我們，在路的前方，將有教會最美好的日子在等待著我們。

國家圖書館出版品預行編目資料

教會復興的4個關鍵密碼
／喬瑟夫・基德（Joseph Kidder）作；張琛　譯.
－－ 初版. －－ 臺北市：時兆, 2017.04
　　　面；　　　公分－－
譯自：The big four : secrets to a thriving family

ISBN 978-986-6314-70-4（平裝）

1. 教會　2. 教牧學

247.1　　　　　　　　　　　106000471

| 作　　　者 | 喬瑟夫・基德 |
| 譯　　　者 | 張琛 |

董 事 長	李在龍
發 行 人	周英弼
出 版 者	時兆出版社
客服專線	0800-777-798
電　　話	886-2-27726420
傳　　真	886-2-27401448
地　　址	台灣台北市10556松山區八德路2段410巷5弄1號2樓
網　　址	http://www.stpa.org
電　　郵	service@stpa.org

主　　編	周麗娟
文字校對	蔡素英、林思慧
封面設計	時兆設計中心、馮聖學
美術編輯	時兆設計中心、李宛青
法律顧問	宏鑑法律事務所　TEL：886-2-27150270

商業書店	總經銷 聯合發行股份有限公司 TEL：886-2-29178022
基督教書房	基石音樂有限公司 TEL：886-2-29625951
網路商店	http://www.pcstore.com.tw/stpa
電子書店	http://www.pubu.com.tw/store/12072

I S B N	978-986-6314-70-4
定　　價	新台幣320元　美金12元
出版日期	2017年04月　初版1刷